JN062053

家族で支える✿家族を支える

発達障害のある子育て

広瀬宏之

岩崎学術出版社

はじめに

発達障害の子育てをしているお母さんに、折々心に留めておいてほしいことを書いてみました。発達障害の育児はとても大変そうです。なんだか他人事のような言い方ですが、本当の大変さは実際に育てているお母さんでないとわからないと思います。

支援者は一緒に子育てをすることはできません。支援の現場で暖かい言葉をかけ、支援者なりのアドバイスをすることしかできません。

心無い言動で傷を負った保護者に出会うこともあります。二十年以上支援してきても、いまだに失敗があります。せめてもの罪滅ぼしに、そして、支援者が保護者に暖かい言葉かけをしてもらう一つの参考になると良いなあ、という思いも込めて書きました。

本書は診断別ではなく、各障害の詳細についても触れていません。支援は診断名ではなく、日々の困りごとがスタートだからです。なので、ライフステージに沿って、ご家族が気にされるであろうことがらを、五十の項目にまとめてあります。どこからお読みいただいても良いと思います。

もし自分が聞いたことと違うなあという場合は、担当者に質問してください。その時の反応で、良い支援者かどうかわかるかもしれません。

それでも「あれっ?」と思うかもしれません。実は、発達支援に正解はありません。本書はあくまで、僕ならこう考えてこう答える、という内容です。僕の方が間違っているかもしれません。疑問はひとまず、疑問のまま心のうちにとどめておいても良いでしょう。

さて、発達の原動力は成功体験だと思います。「できた!」という喜びがエネルギーになります。発達障害のある子どもたち、そしてお母さんたちにもできるだけ多くの成功体験を積んでもらうこと、それが僕の考える発達支援の原則です。

「失敗は成功の母」は、発達支援には不向きです。むしろ「失敗は二次障害の元」です。もう少し正確に言うと、「アフターケアの無い失敗体験が二次障害につながる」のです。

発達障害のある子育ての原則は、日々のハードルを高く設定せず、成功体験を味わえるようにすることです。ささやかなハードルを乗り越えて成功したら、すかさず褒めることも大切です。

こういったことは子どもだけではなく、お母さんや支援者にも当てはまることですね。

ちゃんと診断されている人だけが発達障害ではありません。障害までには至っていなくて、発達の凸凹だけだったとしても、それに見合った子育てが望ましいのです。

発達凸凹や発達障害があっても、必要なサポートがあればちゃんと発達します。

その手掛かりとして、本書をご活用いただければ幸いです。

目次

はじめに　iii

第一章　発達障害を知る

1　発達障害って何？　2
2　個性とは違うの？　6
3　発達障害は治りますか？　10

第二章　相談・診断・療育・治療

1　子どもが発達障害かもと思ったら？　16
2　どこに相談すれば良いか？　20
3　いつ相談すれば良いか？　24
4　周囲への相談・周囲からのお勧め　28
5　どこで、どうやって診断されるのか？　32
6　診断名についてどう考えるか　36

7 診断がないと支援は受けられないのか？ 40
8 専門職や医師との付き合いについて 44
9 療育や発達支援で目指すこと 48
10 発達障害の薬物療法について 52
11 代替療法について 56

第三章 一つ一つの心配ごと

1 赤ちゃんの時の大変さについて 62
2 言葉の遅れについて 66
3 行動の問題について 70
4 社会性の問題について 74
5 言葉の問題について 78
6 感覚の特性について 82
7 学習の問題について 86
8 自傷や他害について 90
9 併存症について 94
10 二次障害について 98

11 マルトリートメントについて 102

第四章 周囲とのしがらみ

1 父親について 108
2 次の子や兄弟姉妹について 112
3 祖父母や親戚について 116
4 ママ友とカミングアウトについて 120
5 子どもの友人関係といじめについて 124

第五章 年齢別の配慮

1 集団生活に入る前に考えておきたいこと 130
2 保育所や幼稚園で気をつけたいこと 134
3 小学校に入る前に必要なこと 138
4 小学校の選び方——特別支援教育について 142
5 小学校で注意したいこと 146
6 学校の先生との付き合い方 150
7 中学校で注意したいこと 154

8 思春期で気をつけたいこと 158
9 中学卒業後の進路について 162
10 高校などで注意したいこと 166
11 大学や専門学校で注意したいこと 170
12 就労にあたって気をつけたいこと 174
13 大人になってから気をつけたいこと 178
14 独立する場合や結婚の話が出た場合 182

第六章 障害受容について

1 「障害」をどう受け止めるか 188
2 ぐるぐる悩んでしまって苦しい 192
3 どうしても認められない 196
4 父親の障害受容に関して 200
5 「自分も発達障害かも?」と思ったら 204
6 自分のメンタルヘルスについて 208

おわりに 212

第一章　発達障害を知る

1　発達障害って何？

発達障害は発達の障害です。

四字熟語ですから二つに分解して考えてみましょう。まず発達です。

発達はなんだか不思議な現象です。勝手に変化していくような自然現象にも見えてしまいます。

僕にとって、一番馴染みがあるたとえは、植物の種子から果実までの一生です。蒔かれた種は、放っておいても芽を出し、茎を伸ばし、花が咲き、実がなります。正確に言うなら、種子だけでは何も進まず、土と水と太陽と肥料がないと成長しません。

人間でいうと、親と家族と集団環境と仲間、これが発達には不可欠な要素です。

発達の根っこにあるのは遺伝子です。遺伝子とは建物でいうと設計図みたいなものです。

ありとあらゆる生物では、その遺伝子に発達や発育のプログラムが規定されています。発達障害の最も根っこにある原因も、遺伝子の異常だと考えられています。

ただし「これが原因」というような決定的な遺伝子異常は、まだわかっていません。でも、基本は生まれ持った異常が原因で、生後のことは、発達障害の根本原因ではないと考えられています。

異常という言葉は厄介に響きます。あまり好きな言葉ではありません。ここでは「常ではない」「定型発達とは異なる」くらいの意味でとっておいてほしいと思います。

発達障害ではない人たちのことを定型発達と呼びます。定型と言うからには、不変で固定した、決まったパターンがあるかのように聞こえます。しかし、発達の場合そうではありません。

発達における定型のパターンは、デジタルに規定されているものではないのです。

たとえば、時代や文化によって「何が定型か」は異なり、それぞれに定型とされる範囲が暗黙にあって、決して普遍的なものではないのです。正常となる範囲が決まっていないことが、ややこしさを生むのです。

さらに、定型でないから、すなわち障害になる、というわけでもないのです。

次に、障害とは何か、について考えてみたいと思います。

障害という言葉も厄介です。僕は重く捉えずに「日常生活で困難がある状態」くらいに思っています。ネットが繋がらないのも「回線障害」です。「支援が必要だというサイン」と捉えても良いでしょう。偏見や差別につながるような重たい認識は避けたほうが無難だと思います。

発達障害とは発達が障害された状態です。これには二通りの解釈があります。「発達が止まった状態」「発達が障害されている状態」です。前者は必ずしも正しくありません。発達に障害があったとしても、決して発達が一切停止した状態ではないのです。

さらに、すべての発達が障害されているわけでもありません。

そもそも、人間の発達には多様な因子があります。視覚・聴覚・触覚・味覚・嗅覚の五感の力、運動力、会話力、理解力、注意力、集中力、段取り力、思考力、学習力、社会力、忖度力等々です。

これらさまざまな能力の発達に大きな凸凹があることが、発達障害の第一の要素です。

第二の要素は、凸凹が原因となって、生活の中で何らかの問題を来している不適応状態です。

つまり「発達障害＝発達凸凹＋不適応」という図式が成り立つのです。

もし発達に凸凹があっても、毎日の生活に不具合がなければ発達障害とは考えなくても良いのです。もっと言うなら、凸凹があっても生活に不具合が生じないような営みを発達障害支援と呼ぶわけです。

今の脳科学では発達の凸凹を治すことはできません。仮に治すことができたとしたら、人類は皆、均一のアンドロイド集団になってしまうかも……それはさまざまな意味でNGでしょう。

発達障害の支援とは「それぞれが生まれ持っている凸凹を分析し、それに見合ったサポートをすることにより、不適応状態を改善していくこと」です。

その最終ゴールは「支援がなくても、あるいは支援が最小限でも、毎日の生活がある程度スムーズに進んでいくようになること」です。

そのためには、子どもを育てていく家族、特に母親の役割は重大です。

でも、不安に思うことはありません。これから一緒に考えていきましょう。

2　個性とは違うの？

発達障害は個性と勘違いされたりすることがあります。

個性は「個人や個体に備わった、その人やその物の特有の性質」とされています。これに従えば、発達障害の人々の凸凹や特性を「個性」と言ってしまうことは、あながち間違いとは言えません。

でも、僕は発達障害を個性とすることには強い抵抗があります。理由は幾つかあります。

発達障害のある人は、さまざまなことがうまくいかず、いろいろなことに大変さを抱えています。もし毎日がスムーズに進んでいたとしても、発達の凸凹に対する、自他を問わないサポートがあってこそ、なんとか不適応を起こさずに済んでいるのです。生まれつきの凸凹に対するサポートがあって、本当の障害のレベルにならないことが、予防的対応としても望ましい状態です。それを個性と言ってしまうと、そこで話が終わってしまい、支援につながらない心配が生じます。

支援どころか、「あれは個性だから仕方がないよね」「彼はユニークな人だからねぇ」というように、理解も不足してしまう危険があります。

僕だけかもしれませんが、個性と言ってしまうことで、本当の大変さに目をつぶっているような、「臭いものに蓋」的な雰囲気を感じてしまうこともあります。

人間は見たくないものは見ない生き物です。心の奥底で障害だと感じていても、まだそれを認めたくなくて、個性というラベルを貼る。それによって心の平安を保っているのかもしれません。「臭いものに蓋」も、ある意味、人生に必要な工夫と考えることもできます。

でも、発達障害が個性と片付けられ、何のサポートもない状態は、それで良いのでしょうか？

いや、そうではない。サポートなしではいつか破綻すると思います。

もちろん、誰にとっても障害を認めることは苦しい作業です。個性と思いたくなる気持ちも無理はありません。支援者としてはこの気持ちを無碍に否定することは避けたいと思っています。

でも、発達障害は断然、個性ではない。

僕は「個性でもいいけど、何かサポートは必要な状態かなぁ」と言うことが多いです。個性というラベルはそのままで、中身を〝要支援〟という状態に置き換えるのです。

さて、ここまでのことは、この業界に入って、比較的初期の段階から感じていました。

しかし、五年くらい前に、ある当事者の方と出会って、さらに蒙を啓かれる思いをしました。その方はもう成人で、僕から見れば今でも発達特性はくっきりしています。小児期はもっと大変だったようです。でも、周囲の大人の理解は得られませんでした。

個性ならまだしも、わがままと断じられ、マルトリートメントに近い状態から二次障害を発症し、そこでようやく発達障害の診断がついたのです。もう思春期に差し掛かっていた頃だったようです。

そこから、自分なりに苦心惨憺し、良い支援者にも出会って苦境から抜け出し、ようやく本人の特性にぴったりした専門職になることができた、とのことでした。

その人は「自分の苦労してきた歴史を何にも知らないアカの他人が、ぱっと見だけで『彼女は個性豊かな人だね』と言うのは我慢がならない。自分で言うならまだしも、こんなに苦労して大変だった人生を、他人に軽々しく個性なんて言われることには耐えられない」と言います。

個性という言葉に散々傷つけられてきたようでした。

こっそり付け加えるなら、確かに個性豊かな人ではあります。でもそれは、本人の苦労も知らない他人が云々することではないのです。個性という言葉を濫用してはいけないのです。

だいたい、身体疾患を個性とは言いませんね。白血病は個性ですか？　胃癌は個性ですか？

ただこうも考えます。発達障害があって、いろいろなサポートを受け、最終的に〝個性豊かな人〟として落ち着くのであれば、それはそれで支援の一つの理想形かもしれません。つまり個性をゴールにするのは、ありかもしれません。

でも、やはり個性という言葉を最初から使うことには、メリットが感じられません。発達支援ではあまり個性という言葉は使わない方が良いように思っています。

3　発達障害は治りますか？

もっとも多い質問の一つで、その答えもさまざまです。工夫のしがいがあります。外来ではどうしても短く答えがちです。ここでは少し掘り下げて考えてみたいと思います。

まず「治る」という言葉からは、何をイメージするでしょうか。一般に「治るとは病気や怪我が良くなって、もとの健康な状態に戻ること」とされます。

「発達障害は病気ですか？」という質問もあります。一般に「病気とは人間や動物の心や体に不調または不都合が生じた状態」と考えられます。

この考えによれば、発達障害を病気と考えることも可能かもしれません。

でも「病気は治療によって治る状態」とも考えられます。「発達障害は治りますか？」という質問において、それが治るのであれば、病気と考えることも可能です。考えがぐるぐるします。

ここでは「発達障害＝発達凸凹＋不適応」の図式から考えていきます。

発達の凸凹は生まれつきのもので、完全に消えて無くなることはありません。

一方で不適応の状態を解消することはできます。

「治る＝不適応状態がなくなる」と考えるのならば、発達障害は治る可能性があるのです。

でも「発達障害が治る」という表現には抵抗があります。個性と言いたくないのと同じです。

元々の発達の凸凹から、不適応が嵩じて発達障害となる。そこで、さまざまなサポートを受けて不適応が改善していく。ここで「治った！」と思って理解や配慮や支援がなくなると、元の黙阿弥になってしまうのではないか？　それを恐れます。

やはり発達に凸凹がある場合は、日常生活での何らかのサポートは欠かせないでしょう。サポートと呼ばずに、本人に見合った工夫と呼んでも良いかもしれません。

これは発達障害に限った話ではありません。

病気になりやすい人は、病気にならない工夫が必要です。糖尿病になりやすい人は、食事の工夫は不可欠でしょう。治ったと思って、暴飲暴食を再開すると、あっという間に再発してしまうかもしれません。精神疾患でも同様のことが言えます。

やはり支援者としては、「治る」という言葉に含まれる危険性を無視したくないのです。

一方で「治ることへの希望」は、希望への灯火にもなるでしょう。

ですから、支援者が無碍に「治らない」と断じてしまうことは避けるべきだと思います。

僕は相手の性格や家族の状況、本人の重症度合いなどを見極めながら、以下のように答えます。

「治るといいですね」希望を消したくない場合です。言葉の裏が読める家族の場合です。

「治るように頑張っていきましょう」悲嘆にくれている家族の場合です。「頑張る」も含め、あまり濫用したくない表現ですが……

「治るというのとは少し違うんです、うまく付き合っていくんです」こう切り出して、上に述べたようなことをごちゃごちゃと伝えることもあります。理屈っぽく説明した方が良さそうな場合です。

「発達障害でも発達します」という答え方もあります。

それに近いのですが、「治るまではいかないけど、生活は改善します」最近はこれが多いです。配慮や工夫があれば不適応が減り、生活が改善します。この表現が一番正確かなあと思っています。

程度に合わせた答え方も工夫のしどころです。

比較的重度で、将来も各種の支援が途切れない場合は「少しずつ……ね」と言うかもしれません。

反対に比較的軽度で、将来はあまり目立たなくなりそうな場合は「根っこの凸凹は消えないけど、うまくいくやり方が見つかって、表面的には目立たなくなるかもしれません。でも身近な同居人などには見えてしまうくらいには残るかもしれませんね」と伝えます。

重度か軽度かを聞かれることもあります。元々の発達凸凹の振幅の大きさと、日常生活不適応の度合いで答えることが多いです。重症度の物差しもいろいろとあるのです。

重度の人にこれを聞かれると返答に窮します。「中くらいかなあ」との苦し紛れが多いです。

第二章　相談・診断・療育・治療

1　子どもが発達障害かもと思ったら？

子どもが発達障害かもしれない、と思うようになったいきさつはさまざまだと思います。それぞれの症状については第三章で考えますが、なんとなく違和感を感じた、とにかく育てにくい、育児書などで読んだ発達のプロセス（専門用語でマイルストーンと呼びます）と違っている、園や学校など所属集団から指摘された等々、さまざまなきっかけがあるでしょう。

発達障害は〝少数派〟です。多数派の定型発達との違いによって判別され、違うことによって日常生活での困難が増えてきて、診断や支援が始まります。

たまに、家族全員が発達障害で、子どもの違いにも全く違和感を感じていない場合があります。「うちはみんなこうですけど、他と違うことに何か問題でもありますか？」という感じです。

日本では他者と違うことに敏感で、同調圧力も強い文化です。「まあ、違っていてもいいけれど、日本で暮らすのに不自由しない程度の社会性はあったほうが便利かもネ」と言ったりします。

でも、多くの家族は「どうもうちの子どもは他と違っていてマズイ⁉」と思い至り、その気持ちが次第に膨らんでいって、いつか発達相談につながります。

その時にまずお願いしたいことは、違っていることを悪く思わないで欲しい、ということです。日本では、これはなかなか難しいでしょう。でも、〝少数派だから悪い〟ではないはずです。

もちろん、凸凹がある生活はそれなりに大変ですから、なんとか普通にしたいと思う気持ちは、無理もありません。でも、ちょっと立ち止まって、一概に悪いとは思わないでほしいと思います。悪いと思うと修正したくなります。でも、凸凹のあるお子さんを無理やり凸凹のない平均的なお子さんに育てていくことは大変です。それに、せっかくの凸凹を生かせないと思うからです。

凸凹は才能につながります。歴史に名前を残すような芸術家の大部分は、僕に言わせれば発達障害的です。ノーベル賞を取るような博士たちも、アスペルガー症候群と診断したくなるような特性の持ち主です。一芸に秀でているということは、それ以外はきっと今ひとつということでもありましょう。それを誰かがサポートして、賞を取れているのです。それが凸凹ということです。

次に、違うのは母親の育て方のせいだと勘違いして、自分を責めないでほしいのです。

発達障害の根っこは生まれつきの状態です。育て方は原因ではありません。母親にしてみれば、あの時のアレが原因では?と思うかもしれませんが、生まれた後のさまざまな出来事は、誘因にはなっても真の原因ではないのです。自分を責めても良いことはありません。ほどほどにしておいてください。

どこがどう違っていて、誰がいつどこで何に困っているのか?という分析もお願いしたいです。完璧な分析である必要はありません。それは専門機関に相談した後、専門家と一緒にやれば良いのです。でも、「あれ?」と思った時点で、その中身を振り返ってもらえるとありがたいのです。

この時、誰が悪いとか、劣っているとか、そんな価値判断はご無用に願います。ぼんやりと「うちの子はこんなところが違っているなあ」と考えておいてもらうだけでも十分です。

最後に、発達障害かもしれないと思ったことに対して、家族ではどんな対応をしてきたかも振り返っておいてもらえると、よりベターです。

相談に行った時に「いろいろなことが大変で、家ではこんなふうに育ててきましたが、良かったでしょうか?」と質問してもらえれば、支援者としてはありがたい限りです。

これまでを振り返っている途中で、いやいや「うちの子は発達障害であるはずがない」という否定したい気持ちも出てくるかもしれません。それも当然のことです。

僕はどっちかに決めつける必要はないと思います。専門機関での相談が始まった後でも、迷いは途切れません。決めつけてしまうと、気持ちも行動も動きが硬くなり柔軟性が減ってしまいます。迷ったままでいること、決めつけを避けること、それでも良いと思うのです。気持ちが熟するまで、答えを急がずに迷い続けてください。

もちろん、迷うことは苦しいことでもあります。迷いの気持ちを誰かが理解して寄り添ってくれると荷が軽くなります。それでも辛い場合は、一旦、棚上げでも一向にかまいません。

2　どこに相談すれば良いか？

さて、気持ちが少し動いてきたら実際の相談です。どこに相談すれば良いのでしょう？
発達や発達障害に関する相談先は、年齢と地域により千差万別です。
小学校に入学する前の低年齢では、たいていの自治体に相談窓口があります。
役所にあったり、保健所・保健センターだったり、地域によっては児童相談所だったりします。
わからなければ、それぞれの自治体のホームページで調べるか、役所のコールセンターなどに
電話をすれば教えてくれるでしょう。公的機関に相談するのが一つ目のやり方です。
次は医療機関です。これも千差万別です。発達障害をちゃんと診察できるドクターはかなり少
な目です。まず、かかりつけの小児科での相談が考えられます。でも、小児科医でも発達障害の
知識はさまざまです。だいぶ減りましたが、「大丈夫だよ～」と流されてしまうこともあります。

本当に大丈夫なこともあります。でも軽い雰囲気でそう言われてしまうと、モヤモヤが残るかも知れません。そんな場合は、より専門性の高い施設を教えてもらうよう、お願いしてみましょう。たとえばこんなふうに言ってみます。「大丈夫って聞いて安心しました。でも私は結構心配性なので、念のため相談できそうな専門機関をご存知でしたら教えていただけると、いざというときに安心できます」「私はあんまり心配していないのですが、家族がうるさいので、専門機関の情報を教えていただけるとありがたいです」などです。

園や学校から発達に関する心配を指摘された場合は、どこに相談に行ったら良いかも聞いてしまいましょう。普段から案内している専門機関があるはずです。

年齢が上がれば上がるほど、相談先が減ります。専門家が絶対的に不足しているからです。成人以降は、基本的には精神科で発達障害も扱ってくれるところへの相談が第一です。発達障害者支援センターが機能している自治体もありますが、かなり少数だと思います。

発達の相談にまつわるもう一つの問題が、長い待機期間です。

相談を決心して、相談先も見つかった。そこで思い切って電話をしてみたら数カ月待ちと言われた……せっかく決心したのに、だいぶ先まで相談できないらしい。不安だ……

支援者の言い分となって申し訳ありませんが、発達障害の相談には手間暇がかかります。普通の風邪とは訳が違います。一人のアセスメントに正味数時間を必要とする場合がほとんどです。

　僕の勤務しているセンターの場合、ケースワーカーがそれまでの発達についての経緯（発達歴と言います）を伺って、心理士が発達の評価をして、医師の診察があります。それぞれ六〇～九〇分かかります。合わせると四～五時間かけて発達の診断になり、支援に進みます。

　現在、発達障害の頻度は十％程度と言われています。でも、それに見合った相談機関は充足していません。どうしても待機時間が数カ月かかってしまうのです。すみません。

　では、どうしたら良いか？

　一つは、気がついたら早めに申し込みをしておくことです。切羽詰まって、毎日の生活に四苦八苦するようになってから申し込みをしても、そこからさらに時間がかかってしまうのです。

　ひょっとしたら？という段階で申し込みをしておくのは、予防にもなります。

　もっと大事なことは、診断がないと支援が始まらないわけではなく、専門機関にかからないと発達支援ができないわけでもない、ということです。

　あれっ？と思った段階で、ご家族なりの工夫を始めていただけるとありがたいのです。

　おしゃべりが少ない場合は遊ぶ時間を増やしたり、動きが多い場合は目を離さないようにしたり、自分たちなりに考えた工夫で良いのです。

これもある意味、病気の予防と同じ意味があります。体重を減らしたり、睡眠時間を増やしたり、運動をするようにしたりなど、素人なりの工夫でかまいません。何かしら、思いつきでやってみることをおススメします。そして、やってみてどうだったかも覚えておいてください。

相談機関につながったときには、それまで家庭でやってきたご家族なりの工夫を伝えていただけると、支援者としても参考になります。これは前にも述べた通りです。

3　いつ相談すれば良いか？

発達障害も早期発見・早期対応が原則と言われています。

でも、実際はそんな単純な話ではありません。

たとえば、誰がどう見ても発達は遅い。三歳になっても言葉を全然話さないし、周囲の人たちが療育を勧めてくる。

でも家族は困っていない。それは決して強がりなのではない。

家では意思疎通もそれなりにできているし、本人も一人で楽しそうに遊んでいる。食べられるものは限られているし、時々癇癪を起こすけれども、大好きなプリンで気持ちを逸せば、程なく切り替わる。発達障害かもしれないけど、家族は診断や療育の必要を感じていない。

あるいは、まあ発達障害かもしれないし、毎日とても大変だけど、別に誰かに助けてもらおうなんて、これっぽっちも思っていない、なんていう場合もあるかもしれません。

ＳＯＳを出すということ自体、ハードルが高いのです。支援者としてはハードルを上げている意識は全くありません。でも、困っている人が援助を要請するのは、気持ち的にもすぐには難しいかもしれません。体の病気だってそうです。コロナの時期でもなければ、ちょっとくらいの発熱だったら自分で対処するかもしれませんね。

あるいは、母親は心配だけど父親は〝個性〟の一点張りで、相談に反対ということもあります。このような時に渋々相談につながっても、継続した支援にはならないことがほとんどです。

なので、僕は「本当に困った時が相談する時」だと思っています。

その家族や、場合によっては本人が「困ったなあ、なんとかならないのかなあ」と思った時が、相談開始のタイミングなのです。

家族やケースによって「早期」と言ってもタイミングはさまざまです。絶対的な低年齢、たとえば二～三歳に相談に行くことだけが早期とは限らないのです。

もちろん、絶対的な早期に相談につながってもらえれば、メリットも少なくありません。

発達障害は治らないとはいえ、その子育てにはさまざまなコツがあります。できないことを無理やりやらせるのではなく、今は棚上げにして時期が来るまで待つ、などの抜け道もあります。

発達の凸凹に対して、果敢にも正面突破を図って親子共々玉砕するのではなく、周り道を通ることで「急がば回れ」、結局は苦労の大きい遠回りをしないで済むというメリットもあります。

相談するかどうかに際しては、つまるところ、発達障害の診断をされ精神的な苦痛を被るというデメリットと、支援を受けるメリットとを天秤にかけて、判断してもらうしかありません。天秤が支援に傾いた時が相談のタイミングで、それまで待つのもアリだと思います。

もちろん、支援者の立場からすると「どうしてもっと早く……」と言いたくなる場合もあります。でも待てよ、です。病気の場合は〝手遅れ〟ということもありますが、発達障害の場合は〝手遅れ〟と断定したくなることは、そうそうありません。

もちろん、話がこじれまくってからの相談や受診では、「うーん……もう少し早く来てもらえれば、よりスムーズに支援が進んだのに」と愚痴の一つも言いたくなることはあります。でも、遅めの受診にはそれなりの理由があり、それを分析することも、支援の大事な役割です。発達の遅れや凸凹があるけれども、誰かが頑張って日常生活の不適応は少なめで済んできた。まずは、誰がどこで何を頑張ったのかを聞いてあげます。

たとえば、知的な障害があって、勉強や日常生活もままならないけれども、性格はとてもよくて、周囲のサポートが自然と得られやすい環境だった。発達の凸凹が強くて、苦手なことも多いけれども、数学だけはダントツ得意だった、などなど。

毎日毎日がとても大変だったけど、家族みんな辛抱強く忍耐強かったなんていうのも、支援に役立つ、有効な特質であろうと思います。

要は「その時まで相談に行かなくても生活がなんとか回っていた」という事実に着目して、その上に支援を開始していくのがコツだと思います。

「養育なくして療育なし」と仰った先達もいます。その家族なりのちゃんとした日常生活の上に、発達支援が少しだけ重なっていくのです。

繰り返しになりますが、専門機関に相談する前にご家族や周囲の大人たちが工夫していたこと、それを改めて振り返ってみて、それでも不十分なところを支援者と一緒に考えていく。

そうやって支援が始まっていくのが一つの理想形だと思います。

4　周囲への相談・周囲からのお勧め

「うちの子ちょっと違うのかしら？」って思った時に、ママ友に聞いて見る人もいるでしょう。

「なんか、うちの子はおしゃべりも遅いし、動きも多くて、しょっちゅう怪我ばっかりしているし、発達障害じゃないかなって、心配になる時があるんだよね〜」さて、どんな答えが返ってくるでしょうか？

反対に、あなたが相談を受けたらなんて返しますか？　きっと「大丈夫よ！」って言いますね。そして、聞いた方も「だよね〜私の心配のしすぎだよね」で終わってしまうことでしょう。

でも心配やモヤモヤ感は残ります。

かと言って家族への相談だって、何て言われるだろうなど、いろいろと悩むかもしれません。

どこの専門機関に相談したら良いかとか、発達障害だったらどうしたら良いかなどを相談できるのは、発達障害を育ててきたママ友です。そういう〝先輩ママ〟が身近にいると助かります。相談場面で「ママ友に聞いたけど大丈夫って言われたし……」と言うお母さんがいます。そりゃそうです。「そうね、発達障害かもね……」と言われることは、まあ、珍しいでしょう。

そんな予想外の答えを返してくれる人は、KYとまでは言いませんが〝素直すぎる〟のか、本当に親身になって心配してくれているのか、実は身内に発達障害の子どもがいるかです。

幼稚園や保育園や学校など、お子さんの所属集団から相談を勧められた時はどうするか？

所属集団が発達の相談を勧めるときは、それなりの重みがあると考えた方が良さそうです。発達の専門家ではないにしても、数多くの子どもを見てきた、いわば〝子どものプロ〟の目から見て、相談を勧めるのは、何かしらの意味があると考えた方が良いのです。

先生たちと話していても、親御さんに相談を勧めるにはかなりの躊躇いがあって、それでも相談してもらった方が良さそうだと思った時に、意を決して親御さんに伝えているようです。

保護者の皆さんが相談に逡巡するように、先生たちもかなり逡巡してから相談を勧めているのでしょう。

最近では、障害のレッテルを貼って所属集団から放逐することはほとんどなくなりました。そもそも、障害を理由に社会活動の制限を設けるのは障害者差別解消法に反する振る舞いです。

そうではなくて、所属集団としては何とか子どもたちの発達に見合った関わりをしたい。でも、発達障害かもしれない場合は、それなりの工夫や専門的なコツが必要となります。なので、発達の相談を受けてもらって、集団としてもより適切な工夫を検討したい、可能なら専門機関と連携したい、というのがほとんどです。

集団としてはなんとなく気がついていて、発達に合わせた関わりはしているけれども、家庭と歩調を合わせてやっていくためにも、専門家の見解を知りたい、という場合もあるかもしれません。今は保育園だから丁寧に見てあげられるけれども、小学校に入ったらそういうわけにもいかなくなるし、先々が心配なので相談を勧めてみました、と仰った先生もいらっしゃいました。

やはり、ほとんどは善意でのお勧めだと思うのです。

でも、言われた方はショックかもしれません。発達障害のことをまったく想定していなければ、ショックにもなりませんが、なんとなくそうかなあという自覚がある場合は〝図星を指された〟ように感じて、激しく動揺してしまうかもしれません。

その気持ちの揺らぎは無理もないと思います。前にもお話ししたように、家族の気持ちが前向きに動いたり、決心が多少ついたりした段階で、相談機関の門を叩いていただければと思います。

支援者としては、所属機関がどういう意図で相談を勧めたのかも知りたいところです。

保護者経由でも直接でも、相談機関と所属機関のやり取りができるとありがたいのです。勧められても、どうしても踏ん切りがつかない場合もありましょう。それはそれで、機が熟していないということです。そういう時に相談に行っても「大丈夫だ」と言われたいだけになってしまいますし、大抵は大丈夫でないことが明らかになって、より落ち込むだけです。

繰り返しですが、お母さんの決心がついてからの受診でかまいません。そしてそれまで、所属機関の先生たちは、時々で良いので、気長に繰り返し相談を勧めていただけるとありがたいです。いま専門機関につながらなくとも、いつかその時が来るかもしれません。その時に、かつて相談を勧められていたことは必ず生きてくるのです。

ちなみに、先生たちができないことだけを伝えていると、親は自分のせいだと非難されたように感じ、心を閉ざしてしまいかねません。できるようになったことも一緒に伝えていただけると、お母さんたちも安心して相談に行けるようになるかもしれません。

5　どこで、どうやって診断されるのか？

病気の診断は医師が行うことになっています。発達障害が病気かどうかは、前にもお話ししたように微妙なラインです。でも、発達障害の診断も、基本的には医師が行うことになっています。

診断では「定型からどれくらい逸脱しているか」と「日常生活がどれくらい大変か」が大切です。「どれくらい」に絶対的な基準はありません。これが発達障害の診断における最大の難点です。

昔に比べて発達障害の頻度が上がっているのは、逸脱と判断される範囲が広くなり、昔だったら診断されなかったような子どもまで診断されるようになった、という面があります。でも、診断することでより良い関わり方を工夫していけるので、僕は拡大診断を悪いことだとは思っていません。

ともあれ、診断の客観性や正確性に関しては難しいところがあります。客観的な診断を目指した工夫はなされていますが、一方で、職人の一子相伝のような技術も必要なのは否定できません。カナー型自閉症やアスペルガー症候群のように、凸凹がはっきりしている場合は、同じタイプのお子さんを十人くらい経験すれば、大抵は見極めがつくようになります。

難しいのは、そこまでくっきりと特徴が際立ってないないグレーゾーン、あるいは場面によって子どもの様子が違う場合です。

僕は、グレーの場合は正直に伝えます。状況や場面によっては障害までいかないかもしれません。でも、特性と環境がかみ合わないと大変になります。うまくいっている時もあるから障害ではない、ではなく、うまくかない場面があるから配慮や支援が必要なのだ、というように伝えます。言うまでもなく「グレーゾーン＝大丈夫」なのではありません。グレーは東洋医学の〝未病〟と同じです。病気の手前です。何らかの理解や配慮や工夫が必要だ、という状態です。

発達障害の診断をしてくれる医師はどこにいるのでしょうか？　普通の小児科医ではまだ難しく、子ども関連の行政機関、療育センター、クリニックや病院で専門医のいるところになります。数少ない良質の専門医をどうやって見つけるか、本当に難しいところです。

発達障害の診断では、子どもと話したり遊んだりして、行動や言葉を観察します。場面によって様子が違いますので、目の前の様子だけではなく、家庭や所属集団での様子も重要な所見です。

さらに、発達の経過をインタビューすること、お母さんの困りごとを聞くこと、所属集団のリクエストを聞くことなどを中心にして、見立てと診断を行います。

僕も、親友の専門医も、何千人という発達障害のお子さんを見てきているので、診断自体は実は数分でつくことがほとんどです。道を歩いていて、向こうから歩いて来た子どもの診断がついてしまうことだってあります。でも、あまり露骨にそれをすると、お母さんたちをビックリさせてしまうので、丁寧にお話しを伺っていくようにします。

診断それ自体よりも、ご家族の話を伺って、その気持ちに寄り添いながら、こちらの見極めと方針を丁寧に伝えることにエネルギーを費やします。

何年やってもこれで大丈夫というレベルには到達しません。日々修行と工夫が必要です。

発達障害は体の病気のように検査では診断がつきません。検査はあくまで補助手段です。でも、発達検査や知能検査や聴力検査はできると助かります。知能や聴力もなんとなく想像はつきますが、ときどき想像を超えた結果になる場合があるからです。

ちなみに、発達検査や知能検査で計算される発達指数・知能指数は、標準の何割くらいの発達段階にあるかを示す数値です。七〇という結果であれば、標準の七〇％ということです。実は、この指数はその人の固有値であり、特に小学校入学以降は、あまり変化しません。

この指数は、発達の速度やペースを示しているとも考えられます。大雑把な例えで恐縮ですが、自動車の排気量に似ているかもしれません。変化が無いとがっかりされることがありますが、数値が変わらないということは、その子の発達ペースが維持されているということです。もし数値が下がった場合は、発達の状態や支援などでの関わりを見直す必要があるかもしれないのです。

血液検査や脳波やCT／MRIなどの専門的な検査は、発達障害自体の診断のためではなく、発達障害をもたらす身体的な疾患がないかどうか、念のため確認するために行うものです。二次障害で身体症状が出ているような場合は、もちろん、必要な検査はしっかり行います。

発達の診断に納得がいかない場合についてはのちに述べたいと思います。

6　診断名についてどう考えるか

表に主な発達障害を示します。

発達障害の診断のつけ方は独特です。普通の病気では、症状に見合った検査をして、異常や原因がはっきりしたら診断がつけられます。

胃カメラで異変があって細胞を取って調べてみたら癌だった、あるいは胃潰瘍だった。熱が出て鼻から検査をしたらインフルエンザだった、あるいはコロナだったなどです。

発達障害では違います。幾つかの症状があって、診断基準の項目数を満たせば診断名がつけられます。症状というのは日々の困りごと、発達の凸凹や特性と考えても良いでしょう。

たとえば、ＡＤＨＤでは九つある不注意症状から六つ、九つある多動・衝動の症状から六つを満たせばＡＤＨＤということになります。他の発達障害でもそうです。

表

診断名	主な特徴
知的発達症(ID)	全体的な知能発達の遅れ。一般に知能指数(IQ)が70より低い状態。約2%。IQ70-85(境界知能)でも支援が不可欠である。
運動発達遅滞	運動発達の遅れ。他の発達障害を伴うこともある。
自閉スペクトラム症(ASD)	主症状は(1)コミュニケーションや社会性の発達の遅れ(2)興味の偏り・こだわり・感覚過敏や鈍麻(感覚調整障害)。これらの他に、知能の遅れ、多動・衝動、限局性学習症、発達性協調運動症、てんかん、視覚優位の認知特性、優れた記憶力などを伴う。約2-3%。
注意欠如・多動症(ADHD)	主症状は(1)不注意(2)多動・衝動性。薬物が効く場合がある。多くはASD特性を併せ持つ。約5%。
限局性学習症(SLD)	知能は標準かそれ以上だが、「読み」「書き」「計算」など学習に必要な機能の一部に障害がある状態。学習困難=SLDではなく、まずIDやASDなど他の発達障害の鑑別とその支援が優先される。0.5-2%。
発達性協調運動症(DCD)	ただの不器用ではなく、先天性の中枢神経の障害。学習にも直結するため、的確な評価と支援が必要。約5%。

*DSM-5(アメリカ精神医学会精神障害の診断と統計マニュアル)に準拠。(運動発達遅滞は除く)

*略称は右の如し　ID:Intellectual disalbility, IQ:Intelligence Quotient
ASD:Autism spectrum disorders,
ADHD:Attention-deficit hyperactivity disorder
SLD:Specific learning disorder,
DCD:Developmental coordination disorder

*旧来の名称は右の如し　知的発達症:精神遅滞(MR:Mental retardation)、知的障害、精神薄弱
自閉スペクトラム症:広汎性発達障害(PDD:Pervasive developmental disorders)
限局性学習症:学習障害(LD:Learning disalbility or Learning disorders)

では、診断に必要な項目が足りなったら大丈夫かというと、そうではないのです。

今の診断基準では一つ足りなかったら診断名はつかないことになっています。でも、それは医師がそう決めただけで、あくまで決まりごとです。その決まりごとと、支援の必要性は無関係です。診断の有無が支援の必要性と一致するのではありません。

グレーゾーンでも支援が必要なのと同じく、診断基準に到達しなくても困っていることがあれば支援が必要です。支援の起点は診断名ではなく、日々の困りごとです。反対に診断名がバッチリついていても毎日がスムーズに進んでいれば、支援は少なくても大丈夫です。

診断名は一人一つだけとは限らないのも覚えておきたいことです。発達特性の組み合わせで診断をするのですから、特性がバラバラとたくさんあれば、それに見合った診断名が複数つくのです。一つ診断名がついたからといって、他は大丈夫と安心してしまってはいけないのです。

表には運動発達遅滞も含まれています。一般的には身体障害に含まれ、発達障害には含まないことが多い状態です。同じく、知的発達症も同じく知的障害の方に含まれることが多いです。でも、発達の遅れから困難が生じているという点では、発達障害と同じ支援の枠組みが必要です。運動発達遅滞も知的発達症も、それだけではなく他の発達障害を伴っていることがあります。特に身体障害があると発達障害が見逃されてしまうことがありますが、両者が併存している場合もあるのです。

僕も脳性麻痺と自閉スペクトラム症が併存しているお子さんに出会ったことがあります。

診断は時々刻々変わっていきます。幼児期は多動が主症状でＡＤＨＤと言われ、年齢が上がると多動は減り、人間関係の難しさが目立ってきて、自閉スペクトラム症になるということは、珍しくありません。

診断が変わったというよりも、もともとＡＤＨＤと自閉スペクトラム症の両方があって、年齢によってどちらが目立つかの重み付けが変わるのです。支援の対象が変わるのです。

年齢が上がり発達特性が目立たなくなる場合もあります。ちゃんと発達したのです。でも、外ではちゃんとやっていても、家ではこだわりやマイペースさが全開という場合も珍しくないのです。もちろん、それと反対のパターンもあります。

大事なことは、日常生活の困りごとにどう対処していくかです。それへの手がかりとなるのが診断です。診断名はそれ以上でもそれ以下でもないのです。

7　診断がないと支援は受けられないのか？

診断が無いと支援が受けられないということはありません。障害福祉サービスは、医療のシステムとは異なりますので、支援が必要と判断された場合は発達支援が受けられる、これが原則です。でも、「支援が必要という判断は誰がどこでするのか？」となった時に、診断名が絡んできて、医師の出番になってしまうのです。

本来は困っている人が誰でも支援を受けられる制度になれば良いのですが、自己申告では心もとないのか、誰か専門家（特に医師）の判断が重視されるのです。自己申告では過剰や過少が出てきてしまうかもしれないので、仕方がないかもしれません。

児童福祉法に基づいて運営されている事業所の福祉サービスを受けるのに必要なのが「受給者証」（正式名は障害福祉サービス受給者証）です。受給者証の申請に必要な情報は、自治体によって多少の違いはありますが、医師の意見書か診断書、もしくは療育手帳を元にしているところが多いようです。意見書でもかまわないということは、診断名よりも支援の必要性に重きを置いているということになります。

必要と判断されたら支援が受けられるようになったのは進歩ではあります。

もちろん、児童福祉法に基づいて運営されていないサービスを受けるのは自由です。診断も必要ありません。ただ、公費による助成がありませんので全額自己負担になります。一時間数千円以上の出費が必要となり、年間で考えるとかなりの額になります。ちょっと厳しいですね。

これまでもお話ししてきましたが、発達支援についての考えを変えるのも良いかもしれません。発達支援とは発達特性を吟味して、毎日の生活がよりスムーズになっていくように工夫する営みです。専門家の視点があった方が、あるいは、診断名があった方が手掛かりとなって、やりやすいのは事実でしょう。でも、診断がないからといって全然できないということでもないのです。

まずは、家庭でいろいろと工夫をしてみれば良いのです。

その際に大切なことの第一は、余計な情報や先入観・思い込みなどは脇に置くことです。

育児書に書いてある情報のほとんどは定型発達に当てはまることです。それを参考にして、目標を立て、頑張ってギャップを埋めようとしても何も良いことはないのです。

たとえば、一歳で単語と独り歩き、二歳で二語文というのが定型発達です。でも、必ずしもそれにとらわれる必要はないのです。

一方で、言葉の遅い子どもに対しては、「絵本の読み聞かせが良い」というアドバイスがしばしばなされます。もちろん、それが効果を上げる場合もあるでしょう。でも、絵本に興味はないし、そもそも言われていることやストーリーも理解できない、そんな状態で黙ってじっと聞いている練習をしたって、我慢比べにしかなりません。

勧められた方法でも、やってみてうまくいかなければ、別の方法を探した方が良いのです。つまり大切なことの二番目は、いろいろやってみて、効果のあるやり方を採用するということです。効果の上がらない方法にいつまでも拘泥する必要はありません。

最近では、ネットにいろいろな発達を促すための育て方が書いてあります。これも同じです。まずはやってみてどうか、です。それがお子さんに合いそうだったら採用すれば良いのです。子どもに合うかどうか判断する根拠は、実際の効果の有無だけではありません。すぐに効果が感じられなくても、お子さんが喜んで取り組んでいれば、しばらくそれを続けてみれば良いのです。

〝好きこそものの上手なれ〟というように、喜んでやっていることは長続きします。遊びのようにしか見えない営みでも、発達のプラスになっている場合があります。

テレビやスマホやゲームは、単なる〝暇つぶし〟でしかない場合が多いので、要注意です。そういったものは楽しいけれども、テレビやタブレットとのやりとりだけでは、発達に大きな進歩はありません。楽しさがひときわ強いだけに、強烈な吸引力があり、ゲーム依存などにつながりかねません。

ともあれ、診断がなくても、家庭や所属集団で発達によい影響を及ぼしそうな活動があれば、積極的に取り組んでもらえればよいのです。

そうしてやはり、専門的な支援に繋がったときに、それまで自分たちなりにやってきた工夫を教えてもらうと、支援者としても役に立つのです。

8　専門職や医師との付き合いについて

恐ろしくて誰も統計は取っていませんが、いわゆる専門職は特性を持っている比率が高いかもしれません。特に医師の場合は、自分で言うのもなんですが、そうだと思います。

あんな大変な受験勉強と、医学部での膨大な勉強と、医師国家試験の準備に没頭できるのは、興味の偏りやこだわり以外の何物でもない、少なくとも自分を振り返るとそう言いたくなります。

障害に該当するかどうかは別として、発達上の特性は否めないのです。

でもご心配なく。本当に特性が強くて、福祉など対人支援の業界でやっていけない専門職は、そう多くはありません。そういった人が仮にやってみても、途中でうまくいかなくなります。

医師の場合は現場に出ないで、研究一筋でしょうか。手術はうまくなかったけど、研究は見事で、ノーベル賞をとったりするようになります。

いきなり脱線しましたが、要は専門職もさまざまなので、上手に利用してほしいということです。どうしても相性が悪い場合は、別を探してみましょう。もっとも、僕の施設でもそうですが、同じところで担当を変えてもらうのは至難の技です。では、どうしたら良いか？

決定的にぶつかってしまう前に、ここでも発想の転換や工夫をしてみると良いかもしれません。人格や性格、専門技術、協調性などすべてがバランス良く整えられている専門職ばかりとは限らないのです。まずは、その人の得意な技術を探して、それを利用するようにしてみてください。

諦める前に、もう少し踏み込んだコミュニケーションを試みてみるのも一つのやり方です。たとえば診断に納得いかない場合、家では全然困っていないのに、発達障害の診断がついてしまった。どうして？というような場合です。

憤慨する前に、診断の理由をちゃんと質問してみましょう。

言い訳めきますが、こちらも言葉が足りないこともあるのです。当然承知しているだろうと思い込んで、話を飛ばしてしまって、コミュニケーションがかみ合わなくなる場合もあるのです。

不思議に思ったり疑問に思ったりしたことは、正直に質問してもらってかまいません。

質問への回答が丁寧であるかどうかで、支援者の質を判定することもできます。むしろ黙って姿を消されてしまうと、こちらに反省の余地がなくなります。

ご家族にしか見えていない情報、相談場面では見えていない情報も伝えてもらえるとありがたいです。多動だったのが、薬物によってだいぶ良くなったように見える。でも、家や学校では全然改善されていない。こちらも「そうか、診察室ではとても大人しくなったけど、まだ効果は不十分なのだなあ」と振り返ることができます。

目の前の子どもの様子だけに捉われ、視野が狭いまま発想が柔軟に動かない支援者は今一つです。「僕の目から見ると良くなっているんだから、生活全体でもよくなっているはずだ」と、想像力の不足している支援者が、こだわって言い張ると、ちょっと困ってしまいます。

医師の診察では、終わった後にナースに愚痴をこぼすという方法もあります。僕も診察後にナースから保護者の様子を聞いて、反省することがあります。ちゃんと伝えたつもりでも「全然ピンときていないようでしたよ」とか「先生の言葉に傷ついたようですよ」など大事な情報を得ることができます。

膠着した場合は、第三者の視点を導入するのも方法です。「園や学校の先生はこんなふうに言っていました」など、別の視点からの情報を入れるのもアリでしょう。学校が頑固な場合は「ドクターがこう言っていましたよ」と伝えてもらうのも手です。

視点を増やす、視点を広げるのはとても大事です。でも、支援者も一人の人間です。どうしても考えが変えられないこともあります。いろいろな発想や、いろいろな視点からのアドバイスができれば申し分ないのですが、うまくいかないこともあります。

なので、支援者のアドバイスが絶対的に正しいとは思わないでください。極端なようですが、一つの意見に過ぎない、くらいでちょうど良いのです。その意見に沿ってやってみてうまくいけば、それが正解。結局、結果がすべてなのです。

そうして、役にたつアドバイスやサポートをしてくれる支援者を見つけていく。残念ながらどうしても見つからない場合は、専門家に頼らないで頑張るという方法だってありうるのです。

9　療育や発達支援で目指すこと

これもいろいろな考え方があります。ちょっと青臭い言い方ですが、僕は毎日が楽しく幸せに暮らせるようになること、それが支援の目標だと思っています。

そうなると「何が楽しくて、何が幸せなことなのか」という問いが生じます。これは、もう一人一人違います。それぞれが「自分にとって幸せとは何か?」を自問自答するしかありません。

問題は、発達障害の場合、支援者という存在がいるということです。支援者が幸せに向けたサポートをしても、支援者の幸せと当事者の幸せが異なっていたら、どうしようもありません。

なので、これを読んでいるお母さんや当事者、そしてわれわれ支援者も、「何が自分の幸せなのか?」「何が利用者の幸せなのか?」について、一度考えてもらえると良いと思います。

余談ながら、最近つくづくと感じるのは、幸せはささやかなことから得られる、ということです。

自分のことで恐縮ですが、昨日久しぶりにヱビスビールを飲みました。昔はあまり好みのタイプではなかったのですが、偶然久しぶりに飲んでみたら、しみじみ美味しかった。美味しくて幸せ、しかも美味しさを再発見して幸せ、二重の喜びでした。

閑話休題。どんなに障害が重くても、ささやかな幸せを得ることはできます。重症心身障害児でも、よくよく観察していると、嬉しそうな表情が浮かんだり、幸せのオーラが出たりします。もし支援者の関わりでそう言った嬉しそうな雰囲気が漂ってくる、そんな瞬間に出会ったりすると、支援者もその幸せをお裾分けしてもらったような気持ちになります。

本人や家族の幸せが第一になるようにサポートし、支援者の幸せも一致するとなお良いでしょう。やはり、それぞれの立場で「どんなことが幸せなのか？」と自問自答しておくのは大切です。

ちょっと幸福論に立ち入りすぎたかもしれません。本題に移りましょう。

発達障害がある場合、自力ではうまくいかないことがたくさんあります。生まれつきの、苦手な能力がありますから、それに関連することがらはあまりうまくいきません。

でも、それが少しでもうまくいくと嬉しい。そのためには、いろいろと試行錯誤する必要があります。でも、定型発達と違って、やっぱりなかなかうまくいかないし、達成感も味わえない。やってもやってもうまくいかないと、段々と嫌気がさしてきて、頑張る気持ちも薄らいでいきます。

自力でできない時はＳＯＳを出しましょう。ＳＯＳを出すことは恥ずかしいことではありません。もちろん、支援が軌道に乗るまでは少し時間がかかりますが、諦めずにＳＯＳを出し続けてください。そのうち、支援の歯車が嚙み合うようになってきて、うまくいくことが増えてきます。ちなみに、うまくいかないことのほとんどは、ハードルの上げすぎです。本人の発達にちょうど良いハードル設定と、ちょっとした工夫が支援者の腕のみせどころです。

支援が回り始めると成功体験が少しずつ蓄積され、手応えも感じられるようになります。うまくいかなかった時は、気持ちも折れがちで、自分で工夫をしてみるゆとりもありません。でも、成功体験を重ねると、自分でもちょっと工夫をしてみようかなあという余裕が芽生えてきます。余裕が出てくると苦手なことを含め、自分の凸凹を振り返る余裕も出てくるものです。あるいは支援者のやり方の真似をして、自分でもやってみる。自分で自分に課しているハードルを下げてみれば案外とうまくいくかもしれません。

年齢が上がり、人生のステージが変わると、新しい困難に再会するかもしれません。幼稚園と小学校、あるいは、学生と社会人では周りから要求される水準が異なってきます。人生のステージが変わって困った時は、またＳＯＳを出せば良いのです。

こうやって、支援を受けて成功体験を重ね、自分で工夫ができるようになることを、僕は「当事者能力の育成」と呼んでいます。

支援者と家族と本人との共同作業によって、成功体験を重ね、支援者なしで自分一人でも、日常生活の工夫ができるようになること、あるいは、困ったらその都度ＳＯＳを出せること、それが「当事者能力の完成」です。

僕はこれが療育や発達支援で目指すことだと思っています。

10　発達障害の薬物療法について

僕としては少し脇道なのですが、ここでは薬物療法のお話しをしたいと思います。なぜ脇道なのかというと、発達障害は薬では治らないからです。でも上手に使えると便利なこともあります。発達障害でも薬物療法を行うことがあります。でも、薬には抵抗があるかもしれません。「脳に効く薬なんて恐ろしくて子どもには飲ませたくない」と仰った父親もいました。「私の指導が行き届かないと仰るのですか?」と文句を言ってきた担任もいました。僕が診ていたＡＤＨＤの子が授業中にしばしば騒動を起こしていたので、お薬の提案をした時でした。いずれも、一昔前の話です。最近では薬物療法への偏見はだいぶ減りました。

発達障害に処方される薬は、診断名に対応したものではありません。支援が特性に応じて行われるのと同じです。たとえば癇癪、多動・衝動、感覚過敏、易刺激性、不眠、不安などに対して処方されます。

薬はあくまで対症療法であり、発達障害の根本を治すものではありません。周囲の対応や関わり、あるいは高いハードル設定など、発達に見合わない環境を調整しても、日常生活の大変さが改善しない場合の選択肢です。

しかし、発達障害に関連する症状が相当に強くて、日常生活が困難に陥っているような場合は、薬で悪循環を断ち切って、元々の発達をサポートする意義は十分あると考えます。

あるいは、環境がどうにも変えられない場合に、薬を使って子どもの症状を改善させることで、環境の変化を促せることもあるのです。これはちょっと変化球的なやりかたです。

さて、僕たちが薬を選ぶ時は、何はともあれ、標的とする症状の背景分析をしっかり行います。癇癪や衝動性の背景には、感覚過敏・構造化されてない環境・不適切な教育環境や養育環境・トラウマによるフラッシュバックなどがあります。不安や抑うつでも衝動性として出現する場合があります。

多動の背景にもＡＤＨＤ特性だけでなく学習困難や感覚過敏が隠れている場合があります。背景によって選択する薬が違ってきます。表面的な症状だけで短絡的な薬物選択はしません。

発達障害の薬は少量が原則です。かなり少量でも効く場合があって不思議です。

薬の効き目の判断も独特です。効いたかどうかの指標は、本人と家族の「楽になった度合い」だと思います。客観的な指標がある身体疾患と違って、極めて主観的であり、茫漠として捉えがたいです。

でもそれだけに、本人に飲み心地を聞いたり、周りに効き具合を聞いたりしながら、薬の量や種類を調整していくことが大切です。薬物療法もまた、共同作業なのです。

保護者が薬物療法を考えるのは、誰かに言われた場合と、自分で調べた場合になるでしょう。まず、薬で何がどう変わってほしいのかを明確にしましょう。他人から言われた場合はなおさらそうです。

一方で、お薬ではどうしようもないこともあります。頭が良くなる薬なんていうのは存在しませんから、そこは諦めていただくしかありません。

実際に薬物療法を検討する段階に差し掛かったら、どんな薬を飲むのか、錠剤なのか粉なのか、一日何回飲むのか、効果と副作用はどんなものか、効果や副作用はいつ頃出てくるか、副作用らしき時はどうすれば良いか、いつまで飲み続ければ良いかなど、質問しましょう。

なに、こういったことには一〜二分で答えることができます。そこで医師から明確な返事が返ってこない場合は、「もう少し考えてみます」という返事もありでしょう。

最近ではご家族や所属集団から薬物療法の提案がなされることも増えてきました。僕はすごく大歓迎です。でも微妙な思いを持たれるドクターも、まだいるかもしれませんね。

内服が始まったら、家庭と集団での様子を処方した医師に伝えてください。良くなったことも悪くなったことも、です。特に集団からの要請で薬を開始した場合は、集団での情報は重要です。

内服により日常生活がスムーズになり、それなりの効果が出てきたと判断されたら、いつかそのうちに減薬を試みます。もちろんドクターと相談しながらです。

脳が発達すると、薬の力を借りなくても、自力でできるようになることが増えていきます。

多動で大変だった子どもでも、次第にブレーキが効くようになってきます。発達の力の偉大さを実感する瞬間です。一生にわたって内服を継続しなければいけないケースは、稀だと思います。

でも、もし内服をやめてみてうまくいかなければ、また再開すれば良いのです。

11　代替療法について

代替療法とは、現在の医学では効果が証明されていない治療法です。かなりの人が試しています。二〇〇四年の春ですから、もう一昔前のことです。あるテレビ番組で自閉症と水銀の関係についての報道があって、水銀値を計測して体から排出させるキレート療法がちょっとしたブームになったことがあります。

でも実際には、水銀によって自閉症が発症するという根拠は無く、キレート療法も決して安全とは言えないので、ほどなく立ち消えとなりました。こういうブームは繰り返されています。発達障害に根本的な治療法がないことや、藁にもすがりたい気持ちのなせる技だと思っています。

ネットで検索すれば、いろいろな代替療法が出てきます。外来で質問されることもあります。親御さんも少し気後れしているのか、表立っての質問という感じではなく、おずおずと質問して来ることが多いようです。反対に、信念にのっとって代替療法をされているご家族からは、あまり質問がきません。とすると、質問をされるということは、やっているご家族も半信半疑なのかもしれません。

僕としては、科学的な正しさはさておき、家族の思いや気持ちは大切にしたいと思っています。そこで、外来でご質問された場合は、以下のようなことをお伝えしています。

まず、なんとかしてあげたいという親御さんの気持ちは大事です。でも、科学的な根拠が定まっていれば、当然医学としては治療として取り入れているはずです。少なくとも現時点では、その〝治療法〟について客観的な根拠は定まっていないのです。こんなようにお伝えします。

もちろん、こちらの不勉強で、初めて聞いたような〝治療法〟の場合は〝宿題〟にさせてもらって、あとでちゃんと調べてからお返事するようにします。

科学的な根拠はともあれ、家族が強くやってみたいと思われている場合は、費用対効果と重篤な副作用の話しをします。費用が些細な場合、そして副作用的にもあまり重篤なものがなさそうな場合は、無理に止めることはしません。サプリメントなどがそれに相当します。

もちろん、てんかんなど医学的な治療が確立している場合は、そちらを絶対的に勧めます。でも純粋に発達障害だけの場合は、サプリメントなどは黙認しても良いと思います（あくまで個人的見解です)。

副作用は大したことなさそうだけれども、費用対効果のバランスが著しく悪いもの、たとえば一カ月に数万円以上かかる場合は、お金が有り余っているならばまだしも、そうでないご家族にはお勧めしません。美味しいステーキでも食べたほうが、よほど精神衛生に良いと思うからです。そして、親御さんの精神衛生に良い営みは、回り回って子どもの発達にも良い影響を及ぼすのです。

強い副作用の心配があるものは断固反対です。冒頭に述べた水銀のキレート療法では、死亡事故が発生したとの報告もあります。低頻度とはいえ、重篤な副作用の心配がある代替療法は推奨されません。

子どもの精神衛生に悪いのも考えものです。知的障害のある自閉症に「ミルク絶ち療法」をしていたお母さんがいました。外来で質問を受けたので、科学的根拠はないことを伝えました。そのお子さんはミルクが大好きで、飲めなくなってから機嫌の悪いことおびただしく、発達への好い影響もないようでした。僕の見解を聞いてミルクを再開したら、途端に機嫌が元に戻り、家の雰囲気も明るくなり、心なしかコミュニケーションが良くなったようでもありました。

基本的に「自閉症が治る」というフレーズで宣伝している療法は眉唾だと思っています。こんなことを言うと営業妨害と投書されるかもしれません。でも一方で「自閉症が治ると称した治療は詐欺だから訴えてやる」と息巻いている専門家もいます。皆さんも、引っかからない自信があればネットで「自閉症&治る」で検索してみると、山のようにヒットします。

ともあれ、気になる代替療法があった場合は、支援者に質問してみることをお勧めします。この質問への回答も、支援者の質を判断する試金石となりましょう。

よくわからなければ後で調べれば良いのです。お母さんの心情も想像せず、無碍に否定することだけはしたくないなあと、自分にも再度言い聞かせているところです。

ただ、思いもかけないところから新しい治療法が生まれる場合もあります。

ペニシリンという抗生物質は、偶然に青カビが発生したところから開発につながりました。発達障害の場合も、思いもつかないところからの治療法が開発される日が来るかもしれません。楽しみに待ちたいと思います。

第三章　一つ一つの心配ごと

1　赤ちゃんの時の大変さについて

赤ちゃんの時期に発達障害が診断されることは稀です。

生まれつき比較的重度の障害があったり、ダウン症などもともとの病気があったりして、早々と診断される場合を除き、発達障害の診断は一歳以降がほとんどです。

しかも、欧米では一歳台での診断が通常のようですが、日本では〝三歳までは言葉の遅れは様子を見ていて良い〟というような根拠のない〝神話〟もあり、二～三歳以降の診断が主です。

そして、発達障害の根本原因は育て方ではありませんから、赤ちゃんの時期に発達障害の予防や対応に関して、できることはほとんどありません。

ただ、一人目のお子さんが発達障害ということが分かっていて、そのあとに二人目が生まれたという場合は、少し話が違ってきます。一人目が発達障害の場合は、二人目もそうなる可能性が少し増えますので、親御さんも用心深く子育てをしていきます。

でも、ここではそうでない場合についてのお話しです。

あとから発達障害と診断されたお子さんの赤ちゃん期を振り返ると、「特に普通だった」という以外に「全然手がかからなくて楽だった」「とっても大変だった」という感想が聞かれます。

まず、全然手がかからなくて楽だった場合です。もちろん、性格が穏やかで個性の範疇に入る場合があります。一方で、自己完結の度合いが強くて、自分を取り巻く外界への興味や関心が乏しい場合もあります。どちらかというと感覚的に鈍感で、比較的強めの刺激がないと反応しない場合もあります。いずれも自閉スペクトラム症の特性につながる状態です。

とても大変だった場合は、ほぼ正反対です。自己完結の度合いは強くありません。むしろ親を追いかけ回したり、走り回ったりする多動が目立ちます。感覚的にも過敏さが目立ちます。抱っこしていないと寝付けないし、ようやく寝たと思ってベッドに置くと、一瞬で覚醒して絶叫する。夜中でも時間かまわず起き上がって泣き叫ぶ。親はほとほと疲弊します。

こんな時に、「愛情が足りない」とか「もっと抱っこしてあげないと」など、的外れのアドバイスを受けると、余計過剰な関わりをする羽目になります。でも、過敏が強い赤ちゃんでは、強く抱っこをしようものならさらに絶叫が強まって、親はほとほと途方にくれるのです。

過敏でも鈍磨でも、感覚特性のある場合は〝ちょうど良い刺激のストライクゾーン〟は広くありません。強弱を微妙に調整し、その子にとって一番快適な刺激の強さを探していくのです。良かれと思ってやってみて、その結果を見てやり方を再調整する――こういった手間暇のかかる育児はなかなかできません。特に一人目の子どもであれば、なおさらです。

しかも、苦心惨憺して乳児期を乗り切り、やれ一安心となった矢先に発達障害の診断を受ける。赤ちゃんの時の育て方に問題があったのかしら、と自省の念が強くなるのは無理からぬところです。でも繰り返しになりますが、基本は育て方のせいではありません。

ここまでくどくどと赤ちゃんの時を振り返ってきました。でも、過ぎ去った時間は取り戻せません し、「どうしようもないのでは？」と思うのも無理はありません。実はそうでもないのです。人間は社会的な生き物ですから、年齢が上がるにつれ周囲からの影響を色濃く受けていきます。反対に、年齢が小さければ小さいほど、元々の性格や資質や特性がそのままで現れるのです。つまり、赤ちゃんの時の振る舞いに、その子どものすべて、あるいはすべての萌芽があらわれているのです。おとなしかった赤ちゃんは、本質的にはおとなしい子どもなのでしょう。激しかった子どもは、本来は激しい子どもなのでしょう。

赤ちゃんの頃の振る舞いを振り返って思い出し、そこから子どもの本来の資質を想像します。

そういったことを念頭に置きながら、今のより良い対応について工夫していきます。

こんなふうにして〝大きくなった赤ちゃん〟の育児をしてみてください。

もちろん「あんな大変だった赤ちゃんの時期は、思い出すだけで辛い」という場合は、僕のアドバイスをスルーしていただいてぜんぜんかまいません。

2　言葉の遅れについて

発達の相談で最も多い心配です。「一歳で単語、二歳で二語文」わかりやすい発達の目安です。それだけに逸脱もわかりやすい。しかも〝空気を読む〟などという高度な能力と違い、しゃべる・しゃべらないは子どもの生活にとって決定的です。もちろん親にとっても。

言葉の遅れを診た場合、①運動発達の程度、②言葉も含めた知的の発達の程度（知的障害の有無）、③発達障害の有無、④重度の難聴（両耳）の有無、を確認します。

しゃべるという行為は運動でもあります。のどを震わせ、息を吐き出し、舌を微妙に動かして音を調整する。いずれの動きも、運動機能の問題があれば、遅れるのは明らかです。

知能の発達は言葉の多い少ないに直結します。まず、言われていることの理解が難しければ、話すことも難しい。外国語の習得を思い出せば、お分かりいただけると思います。

発達障害、特に自閉スペクトラム症の場合は、周囲への興味・関心が少なかったり、意思疎通やコミュニケーションの意欲が乏しかったりして、その結果、言語発達が遅れることがあります。頻度的には少ないのですが、難聴に由来する言葉の遅れは見逃したくありません。治療可能な場合があるからです。ちなみに、難聴で言葉が遅れるのは両側の比較的高度の難聴の場合です。片側だけで軽度の難聴の場合は、言葉が遅れることは少ないか稀だと思います。

「言葉が遅くても三歳になればしゃべり始めるから様子を見ていて大丈夫」という〝神話〟があります。特に男の子です。でも上記①～④の確認もなく、漫然と様子を見るのは感心しません。三歳になってしゃべり始めるには、その前に少しずつ単語が増えている、大人の言っていることがある程度は理解できている、非言語的な意思疎通が良好であるなどの条件があります。

ここで「非言語的な意思疎通」という難しい言葉を使いました。英語ではノンバーバル・コミュニケーションと言います。とても大事な概念なので、丁寧にお話をしていきたいと思います。

言葉が増えるには、①伝えたいこと、②伝える相手、③伝えるための手段が必要です。

伝えたいことの第一は、本能に基づく欲求です。赤ちゃんの欲求は限られています。「おなかすいた」「眠い」「オムツが濡れた」「暑い」「寒い」「痛い」がメインです。要は困った時のSOSです。一方で「楽しい」という感情は自然に滲み出してきて、周囲と分かち合いたくなります。

伝える相手の第一はお母さんです。やはり、ちゃんと赤ちゃんに向き合うことが必要です。スマホ片手の育児は、さまざまな意味で推奨されません。大人だって、スマホに没頭している相手には話しかけにくいですね。反対に、拙い内容でも自分のしゃべっていることに一生懸命耳を傾けてくれる相手には、いろいろと話しかけたくなるのが人情です。赤ちゃんでも全く同じです。

伝える手段には非言語的手段と言葉があります。前者は、身振り手振り、眼差しや視線、指差しやボディータッチなどです。言葉にはならないけれども、唸り声や泣き声や喜びの雄叫びなども非言語的伝達手段です。これらの非言語的な意思疎通を豊かにすることがとても大事です。

人間が最初に発するのは産声です。生まれたばかりの産声は、呼吸開始の意味合いが強いようで、何かを伝えようというメッセージ性は少ないでしょう。でも、産声を「生まれてきて嬉しい」とか「大変な世の中に生まれてきた悲鳴」なんて勝手に解釈する大人がいるのも事実です。

産声は泣き声になり、それに反応して母乳やミルクをもらえることで、非言語的伝達手段が発達します。赤ちゃんが何らかのメッセージを出して、それを大人が受け取って理解し、要求を実行してあげるということが、コミュニケーションの発達には不可欠なのです。

はじめは理解が正確でなくてもかまいません。なんで泣いているのだろうと、あれかこれか試行錯誤の結果、意味がわかって赤ちゃんが泣きやむ。こちらも嬉しい。意思疎通の第一歩です。

言葉は、こう言った非言語的な意思疎通の延長上にあります。泣き声で伝えられることには限界があります。伝えきれないもどかしさから言葉に発展します。

言葉が遅れている場合、言葉のシャワーを浴びせるよりも、遊びを通じて非言語的な意思疎通を豊かにしていくことが何より重要です。一対一の言語訓練は、英会話教室のようなイメージなので、年齢の小さい子どもにはあまり向きません。僕は一緒に遊ぶのが一番だと思っています。

3　行動の問題について

行動については、相談事の二番目くらいに位置します。特に集団活動が始まると俄然増えます。動きが多い、突発的な行動がある、脱走してしまうなどの〝枠にはまらない行動〟と、自傷・他害などの〝問題行動〟があります。後者についてはあとで述べたいと思います。

行動の問題についても、親が実感している場合と、そうでない場合があります。

前者は子どもが自由奔放で、家庭でもコントロールが難しい場合です。これに関しては、小さいうちは本人の努力では如何ともしがたいものがあります。本能に近い形で激しい行動が展開されている上に、行動のブレーキ（専門用語では抑制系と呼びます）の発達が遅れているからです。行動が激しくならないような、あるいは激しくても危険でない環境設定をするのが原則です。危なくないように見張ったり、危険な物を取り去ったりするなどです。

キッチンに侵入するとか、階段を転げ落ちてしまうなどの場合は、赤ちゃん用の柵（ベビーゲイト）を設置します。高いところが好きな場合はブロックして登れないようにします。冷蔵庫や窓を開けるのが好きな場合はロックを二重にします。大きなホームセンターに行けば、こう言ったブロックするためのグッズについて、相談に乗ってくれるかもしれません。

くれぐれも子どもを叱ってなんとかさせようとは思わないことです。大声で怒鳴られると、一瞬は反省して行動が落ち着くかもしれませんが、あくまでも一瞬です。年単位での発達を待たないと、子どもは自分で危険を予測し、自分の行動をコントロールできるようになりません。

反対に、激しく怒られ続けてストレスが溜まってしまうと、余計行動が粗暴になって、悪循環になります。もちろん、親も聖人君子ではありませんから、我慢ができずに声を荒げてしまうことはやむをえない、とも思います。でも、あまり頻繁にならないよう、親の自制が必要です。

大人の関わりや環境設定もまずまずで、でも激しい行動のコントロールが難しい場合は、脳の過剰な興奮を下げることを狙って、リスペリドンやアリピプラゾール、西洋薬に抵抗がある場合は抑肝散などの漢方薬を使うこともあります。でも、発達までの時間稼ぎの側面は否めません。

家庭ではまずまずなのに、刺激の多い集団では別人のように激しくなるお子さんもいます。

この場合、行動の違いをそのまま受け止めることが大事です。家族は「家ではそんなことないのに、園での対応の問題ではないか？」とあらぬ疑いをいただきます。園の先生は「園でこんなに大変なのに、家族はそれがわかってくれない、困った家族だ」なんて感じてしまいがちです。

もちろん、それぞれの感じていることが正しい場合だってあります。でも、ほとんどの場合は環境の違いが行動の激しさの多寡につながっているのです。これを〝環境依存性〟と呼びます。

家では馴染んでいるし、慣れているし、物珍しい刺激的なものもない。でも、園では人も多いし、玩具も多いし、日々エキサイティング。慣れてなかったり、緊張したりする場面もある。こんな要因から、行動の激しさが目立ってしまうのです。たまに反対の場合もあります。

もちろん学校でも起こりうることです。どっちにしても、集団場面での激しい子への対応も、基本的には家庭でのそれと同じです。刺激を減らして、人をつけるのが理想です。

でも、この理想はなかなか実現できません。園には園の事情があるからです。園と家庭との連携、相談につながっている場合は支援機関も含め、落としどころを探っていくしかありません。

集団の選択も大切です。激しいタイプでは、外遊びが中心で、どろんこ遊びだっていとわない、昔ながらの園が良いでしょう。〝勉強系の園〟に入ると、みんなが苦労することになります。

「うちの子どもは動きが多いからこそ、お行儀を重視する園に入れて特訓すべきだ」という考えは、たいていうまくいきません。あとで述べますが、園では訓練よりも大切なことがあります。

「大人になると困るから」と言う父親もいます。でも、それは先の話しです。多動は年齢が上がると影を潜めていくことがほとんどです。抑制系の発達が未成熟なうちに、無理やり我慢させようとしてもうまくいきませんし、やはりみんなが苦労することになるのです。のちにも述べますが、動きの激しい子どもは、激しい動きによって自分を保っているところもあります。そんな、ある意味での対処行動を潰してしまってはいけないのです。

4　社会性の問題について

改めて「社会性って何だろう？」と考えてみました。結構難しいです。

人間は社会の中で生きていく生き物です。コロナが収まらないのも、人間にとって社会は不可欠だからです。ロックダウンとか外出自粛なんて、本当は一時的にしかできないのです。

重度の自閉症で自己完結がくっきりしている場合でも、よくよく観察すると周りとの接点はあります。細い絆ですが、その子なりには社会との関わりがあります。要は、程度問題です。

社会性を考えるには、〝人と人との関係〟と〝集団場面での適切な振る舞い〟に分けると良いかもしれません。前者の集積が後者ですから、完全に切り離すことはできませんが……

さまざまな要因から、いろいろな場面で人と人との関係が難しくなるのが発達障害です。

まず、意思疎通や状況判断の面でハードルがあります。言語表現の遅れ、言語理解の遅れ、言葉の裏の意味を読み取る難しさ、空気を読むことや忖度力の難しさなどがあります。

これらの発達に遅れがあると、適切な人間関係を築いていくことが難しくなります。

最初のうちは、理解のある大人のサポートが不可欠です。言葉が足りない場合は、大人が通訳して、あいだを取り持ってあげる必要があります。「自分でちゃんと言いなさい」ではダメです。そもそも、それができないのですから、親や大人が代弁してあげる必要があります。

「そんなことやっているといつまでたってもできるようにならない」と言って、助け舟を出さずにいると、それこそいつまでたってもできるようにはなりません。自転車や竹馬と同様、最初は補助輪やアシストが必要です。できるようになったら少しずつ外していけば良いのです。

行動のコントロールの難しさについては、すでにお話ししました。理想的には、相手の子どもや親御さんにも、こういった難しさがあることを理解してもらえると有り難いのです。具体的なサポートまでは要りません。わかってもらえているだけで、いざという時の役に立つのです。

二番目の集団場面での難しさは、行動のコントロール以外にもいろいろあります。

自分が何をすれば良いかわかっていない場合もあります。定型発達の場合は周りを見て、空気を読みながら、見よう見まねでなんとなく自分の立ち位置と、するべきことを理解していきます。

発達障害はこれが難しい。ここでも具体的に何をするべきかを伝えていく必要があります。

「廊下は走りません」と言われて、匍匐前進を始めた子どもがいました。「どうしてそんなことするの⁉」と怒られ「だって走らなければいいんでしょう?」と答えて、余計叱られていました。「廊下は歩きます」と伝えれば良いだけなのです。「そんなこともわからないの?」と思ってしまいますが、それが発達の特性なのです。

授業中の不規則発言も同様です。「先生が許可するまでは発言してはいけません」という当たり前の指示が必要なのです。

大人が介入できる場面ではまだしも、休み時間の振る舞いはもっとネックです。

まず、一人でポツンとしていても、それはそれと思ってあげましょう。一人でボーッとしていることが楽しい場合だってあるのです。

遊びたそうにしている時は、その子と波長が合いそうな子どもを見つけ、遊びに誘いましょう。積極奇異型で闇雲に突進して行って撃沈する場合は、コーチ役の仲間がいると良いでしょう。仲間外れなどのいじめは論外です。子どもが辛そうにしていれば、単なる遊びの延長でも大人が介入する必要があります。

感覚の問題が、社会性に大きく影響しているということは、案外と理解されていません。のちにも述べますが、苦手な刺激に直面すると、心身ともに不安定になります。うるさいノイズ、突然の大音量、眩しさ、特定の匂いなど、苦手な刺激はさまざまです。苦手な刺激が同定されている場合は、何らかの工夫や回避をしましょう。無防備なままでの無理強いは厳禁です。鈍感な場合は、反応が乏しくなります。少しだけ強めの刺激を試してみましょう。何れにしてもちょうど良い刺激が望ましいのです。

最初は大人の介入で社会生活を少しずつ進めていき、最終的には自分の特性に対して自分なりの工夫をして、自分なりの社会参加を果たして行けるようになることが支援のゴールです。

5　言葉の問題について

言葉の遅れについてはすでに少しお話しをしました（66頁）。

言葉が遅い場合、ご家族は「言葉さえ増えれば」との切ないまでの希望を持っています。

三歳を過ぎても話さないと「いつくらいになったら話すようになりますか？」と聞かれます。

これに答えるのは難しいです。状況の理解も進み、意思表示もそれなりにでき、言葉以外の意思疎通が豊かになっていれば「そのうちしゃべりますよ」と半ば気休めのように言ったりします。

見通しがつかない場合は「話せるのが待ち遠しいですね」とお茶を濁すしかありません。

ただし、言葉に関しては、ただしゃべれるようになれば良いわけではありません。

言葉は意思伝達の手段ですから、言葉を使って意思疎通のやり取りが豊かになっていくことが大切です。乱暴な言い方ですが、しゃべれば良いというものではありません。

いろいろしゃべるようになったものの、自分に興味のあるキャラクターの話ばかり延々とするのでは、まあ、全然しゃべらないよりは良いのですが、今一つだと思います。

こういう場合、少しずつ会話の軌道修正をします。

まず、その場にあった会話の内容に持っていくのが一つです。

内容はともあれ、やり取りが続くことを目指す場合は、こちらは興味がないかもしれませんが、本人が生き生きと語るようなキャラクター話に付き合ってあげるのも一案です。内容はともあれ、会話のやり取りが長くなることを目標にします。「会話は質より量」なんて言ったりします。

滑舌を気にされるお母さんもいらっしゃいます。専門的には構音と呼び、正確な音を発する能力のことです。正確な音を耳で聞き取り、自分で同じ音を発生するという、高度な能力を要します。定型発達の多くでは自然と完成しますが、発達に課題があると構音の完成が遅れがちです。

専門的に言えば年長（五歳児）くらいまでは様子を見ていてかまいません。様子を見るなんて曖昧な表現を使いましたが、慌てて専門的な訓練はしなくても良いということです。それまでは耳で音を聞いて覚える時期です。覚えたものが正確な音になるにはもう少し時間を要するのです。

英語を学ぶ時、始めから発音をうるさく言われると、やる気を失う場合があります。日本語でも同様です。特に小さい子どもには、間違った発音をいちいち指摘して言い直させることは推奨されません。少し違った発音の場合でも、大人が引き取って正確な発音での言葉を、少しゆっくり明瞭にリピートして聞かせてあげれば十分です。耳で正確な発音を覚える時期なのです。

親御さんも早口で聞き取りにくい場合があります。大人でも聞き取りにくく、子どもではなおさらです。身についた発音を修正するのは難しいかもしれませんが、できるだけ明瞭な発音を心がけてください。

吃音を併発するお子さんもいます。言葉の最初を繰り返す、引き延ばす、詰まって声が出ないなどです。三〜五歳にかけての発症が多く、自然に治ることも少なくありません。言い直させるとか焦らせないような声かけとかはせず、じっと耳を傾け、何を伝えたいのかを理解してあげるのが良いようです。

表面的な言葉の後ろに潜んでいる真の意味を理解するという難関もあります。日本語は曖昧な表現が多く、日本文化自体が曖昧さを好みます。発達障害にはハードルが高いと思います。「ちゃんと」「あとで」などは避け、解釈の余地のない具体的な言葉を使います。「手はお膝で背中は伸ばして口は閉じて動かないで座る」「今夜は八時まで勉強をする」「来月になったら買ってあげる」などです。

「できるだけやりなさい」を真に受け、夜中まで宿題を頑張ったお子さんもいました。何時までとか、何頁までとか、具体的な指示出しが必要です。

暗黙の意味を理解することも難しいのです。「そのうち飲みに行こう」というのは、具体的な場合もあれば、時間ができたらという場合もあれば、遠回しに断っている場合もあります。

その意図は文脈次第ですが、その文脈の解釈が難しいのです。まずは同じ表現でもいろいろな意味があることをわかってもらいます。文脈の解釈には大人の手助けが不可欠です。

語られていないことの理解も難しいのです。たとえば「成績が上がったら買ってあげる」などです。これは「成績維持か低下なら買わない」という意味ですが、それが伝わりません。裏返さないと理解できない表現は、できるだけ避けるのが原則です。

ここでもつい「できるだけ」って使ってしまいました。これって便利な表現なんですよね。

6　感覚の特性について

自分にも多種多様な感覚過敏があるので、この問題にもこだわっています。

まず、感覚過敏という現象があるということを認識してもらいたいと思います。

もともとは本人に過敏という意識はないでしょう。感覚過敏は生まれつきのものです。生まれてからずっとその状態であって、本人にはそれが通常なのです。

なんだか時々嫌な気持ちが吹き出してくるけれども、その嫌な気持ちの源が苦手な感覚過敏だという認識に至るまでには、隔たりがあるのです。

具体例はいろいろあります。ある中学生、突然にキレてしまうパニックがずっと頻発しています。学校の先生やご家族、本人ともどうしてだろうと考えてきました。分かってきたのは、ボディータッチがとても苦手ということでした。クラスメイトに体を触られるのがすごく嫌なのです。

悪いことに、と言って良いと思いますが、少し我慢することはできたのです。触られた時にすぐに「ギャッ！」となれば、理由がわかったかもしれません。でも、少し我慢をして時間が経ってから、周りから見ればいきなり爆発するのです。理由がわかるまでには時間を要しました。本人も、触られることは感覚的に苦手でしたが、ここまで嫌だという認識はありませんでした。みんなそんなもんかと思って少しは我慢するのですが、耐えきれずに時間差で爆発するのです。

感覚の問題は、周囲がそれを疑ってリサーチしていかないと表面化しません。

別の事例です。自閉特性がくっきりで、感覚過敏もいろいろでした。感覚の問題に由来する偏食もあるのでは、と思ったのですが、母親曰く「うちの子は何でも食べます」おかしいな……父親が来院して、謎が解けました。「うちの女房も極端な偏食で、作る料理も限られています。何でも食べるっていうのは『母親の作る料理は何でも』なんです」なるほど……

さて、過敏は聴覚・触覚・味覚・視覚・嗅覚の五感が中心ですが、平衡感覚にも認められます。ブランコや回転遊具がダメということもあるのです。

過敏は幼児期、特に三〜五歳で激しい印象があります。それ以前には目立たなかった場合でも、発達するにつれ、感覚の感受性が豊かになり、過敏が目立つようになる場合もあります。

小学校以降になると多少は改善します。過敏が和らぐ場合、過敏自体は変わらないけれども我慢する力がついた場合、それと似ていますが、周りを見て頑張って合わせるようになる場合です。

一方、年齢が上がっても残っている過敏は、結構しぶといです。一例目もそうでした。

対策は本人・家族と支援者との共同作業です。まず苦手な刺激の同定が最初です。

苦手な刺激が同定されたら、回避策を検討します。わがままではなく、感覚的にどうしても苦手なので、それを我慢させることは、本人のはっきりした同意がない場合は避けます。

まず刺激のインパクトを減らす方策を検討します。刺激から距離をとる、何らかのプロテクターを用いる、刺激をシャットアウトするなどです。

刺激の性質にもよります。食事などはシャットアウトが容易です。音はなかなか難しいです。匂いや眩しさの過敏は盲点になります。蛍光灯の微小なまたたきがダメな人がいます。過敏は多種多様で奥が深い現象です。本人も意識していないイライラ源になることがあります。

苦手な刺激に集中せずにすむよう、何か別のことで気を紛らわすのも有効な対策です。

体調によっても過敏は変化します。寝不足や疲労が蓄積している状態では過敏が増悪します。普段は大丈夫なのだからわがままだ、とは思わないことです。できるだけ体調維持を心がけます。

鈍磨もあります。ボーッとしてしまうとか、呼びかけに反応しにくいなどは比較的わかりやすい鈍磨です。少し強めの刺激を入れることで、意思疎通が容易になることもあります。

多動の子どもで万事激しそうに見えても、実は鈍磨が潜んでいることがあり、表面上はわかりにくいのです。絶えず動いて自己刺激を入れることで、自分を落ち着けている場合もあります。自傷の一部にも同じような意味合いがありそうです。頭をゴンゴンと打ち付けていて、端から見ていると痛々しいのですが本人は嬉しそうにしている。でも、気をつけないと度が過ぎて怪我につながります。足首をひねって捻挫だと思っていたけど、骨折だったという場合もありました。鈍磨は不注意にもつながります。やはり周囲からの声かけやタイム・キーピングが必要です。

7　学習の問題について

勉強ができないと学習障害だと思いがちですが、必ずしもそうではありません。

ちなみに学習障害は現在では限局性学習症という、ちょっといかめしい呼び方になっています。

限局性学習症とは、知的な遅れがなく「読み」「書き」「計算」の能力のいずれかに障害がある状態です。勉強ができない状態を見たら、すぐに限局性学習症に飛びつくのではなく、それ以外の要因、つまり、知的な遅れとそれ以外の発達障害についてのアセスメントを行います。

そしてそれらがあれば、そっちの支援が優先されます。

知的な遅れがあれば、年齢と同じレベルの学習に困難さが生じるのは当たり前です。

自閉スペクトラム症で知的な遅れがないとしても、興味のアンバランスや意思疎通の難しさがあれば学習は難しくなります。感覚過敏が強いと刺激に満ちた教室での勉強には支障が生じます。

ＡＤＨＤで動きが多く集中できないとか、ぼんやりばかりだと、学習困難になります。発達性協調運動症という不器用の強い状態では、板書が難しかったりします。一生懸命にノートはとるものの、書くことだけに注意が向いてしまい、理解や記憶まで到達できないのです。すべての発達障害で学習の問題が生じうるので、仔細なアセスメントと対策が不可欠です。背景の如何を問わず、対策の王道はその子の苦手さを分析し、やりやすい学習環境を設定することです。「わかった！」という達成感を少しでも多く味わってもらうことが大事です。

知的な遅れがあれば、カリキュラムに拘泥せず、レベルを下げたりペースを落としたりして、学習のハードルを発達段階に合わせます。刺激が強かったり多かったりすれば減らす、板書が苦手だったら板書をスマホで撮影するなど、個別対応が不可欠です。

これらは〝合理的配慮〟と呼ばれ、当然の権利として教育現場で提供する義務があります。ところが、日本の教育では学校も親も「みんな同じ教育環境であるべき」という一種の同調圧力が強烈です。なので「他の人と違った個別対応」に対する抵抗が根強く残っています。

発達に課題がある場合は、その子なりの学習環境を設定し、学習の進捗を目指すべきです。診断の有無は問いません。わからない授業をぼーっと聴いていることほど無駄なことはありません。

親御さんの中には、自分も勉強はできなかったし、それでもなんとかなってきた。勉強は捨てて、それ以外の分野で活躍すれば良い、と言う方もいます。

でも、子どもにとって学校で過ごす時間は圧倒的に多く、しかも学習の時間が大半です。その時間を捨ててしまうのは、なんとももったいない。その子に合わせた対応をすれば、少しずつでも学習が進捗するのだから、一人ひとりの特性に合わせた工夫を避けてはならないと思います。大人の責務だと思います。

一方で子どもにしてみれば、支援級で他の人と違うことをやるのには抵抗があるかもしれません。支援者から見て支援級の方が良いと思っても、子どもが頑として嫌がることがあります。

でも実は、最初から子どもが嫌がっていることは少ないのです。親が嫌がっている、その影響で、支援級がとても恥ずかしいことのように感じてしまっている子どもがほとんどだと思います。

そういう場合も、時間をかけて説得したり、言葉ではピンとこない場合は「お試し」で個別の授業を受けてもらったりします。実際に体験すると、支援級に気持ちが向くことも多いのです。

ある子どもは「今まで全くわからなかった勉強が、一対一で教えてもらったらよくわかった。わかるって楽しいね」と言っていました。〝論より証拠〟です。

一方で、頭が良すぎる子どもも存在します。〝ギフテッド〟と呼ばれます。知能が極めて高く、授業のほとんどがわかりきったことなので、なんとも退屈なのです。

日本では〝贅沢な悩み〟として相手にされない風潮があります。でも、本人にしてみれば、別の意味で時間の無駄なのです。せっかくの才能を生かせないのは、なんとももったいないないように思います。

やはりこういった場合でも、一人一人の教育的ニーズを汲み取って欲しいものです。

僕はこっそり「キミに合った学校に入れるまでの辛抱だからね。授業中に聞いているふりをして別のことを考える練習をしておくと良いかもね。でもこれは内緒だからね」なんて言ったり言わなかったり……です。

8　自傷や他害について

自傷や他害は、問題行動の一つとして考えられています。問題行動というと子どもに問題があるように聞こえますが、実はそうではありません。

そもそも、子どもはわざと問題を起こそうとしているのではありません。結果として周囲の大人たちから問題と認定されてしまうのです。しかも、そのほとんどが社会的な規範から逸脱している行動なので、「問題行動」というレッテルが張られてしまうのです。

実際はその子どもに合った関わりや環境設定の方に問題があるのです。ですから、子どもを問題児と考え、その行動が問題であると断じても、何の解決にもならないのです。

「問題行動」のうち、集団からの逸脱はすでに述べました（70頁）。

そのほかに自傷と他害があります。

自傷は感覚鈍磨への対処としての自己刺激の意味合いがあります。他害は乱暴で不適切な意思表示としての意味合いがあります。いずれも、その行動の本来の意味を探ることが第一歩です。

自己刺激をするのは、それによって気持ちが落ち着くという意味があるかもしれません。最近は見なくなったような気もしますが、いわゆる〝貧乏ゆすり〟だって自己刺激の一種です。

行動の意味がわかったら、より適切な行動に置き換えていきます。「貧乏ゆすり以外で、気持ちが落ち着くためにはどうしたら良いか」を考えていきます。元の問題行動と似たような行動に置き換えていく、あるいは同じ行動でも人迷惑でないようにしていくのが、原則です。

たとえば、満員電車で貧乏ゆすりを行うのではなく、自宅の周りに振動が波及しない場所で思う存分行うのです。叫ぶことが発散になるのであれば、風呂場で歌うとか、カラオケに行くとか、海岸で叫ぶとかです。殴ることが良いなら、人間相手ではなくサンドバック相手です。

意思表示としての問題行動であれば、行動ではなく言葉で伝えられるようにサポートします。周りの大人が気持ちを汲み取って「痛かったのね」「嫌だったのね」「お腹空いたのね」「もっと遊んでいたかったのね」というように、言葉での伝え方のお手本を示してあげましょう。

それでもなお、乱暴なやり方での意思表示が続く場合があります。もしかしたら、現在進行形の嫌なことへの抗議かもしれません。

抗議行動の場合は、それなりの対応が不可欠です。いじめなどで嫌な思いをしている場合は、いくら意思表示をさせても解決しません。問題の根源を断ち切らねばなりません。感覚過敏が原因の場合も同様です。

フラッシュバックの場合もあります。嫌な経験のネガティブな記憶があって、思いがけない時に、不意打ちのように嫌な感情が吹き出します。でも表面的には問題行動として表出されます。トラウマが強い場合は、専門的な治療が必要かもしれません。しかし、この分野での専門家はもっと少な目です。ひとまず今の支援者に相談しても良いかもしれません。

ともあれ、問題行動は、本人なりのＳＯＳや対処行動であると理解してあげるのが基本原則です。何も考えずに強圧的に問題行動を抑え込むのは得策ではありません。

リストカットで考えてみましょう。まず、本人と話ができるのであれば、リストカットをするメリットを聞いてみます。僕も以前は「リストカットは死にたいからするんだ」と勘違いしていました。でも「そうではなく死にたくないからするんだ、リストカットをしていると気がまぎれるんだ」と教えてくれた患者さんがいました。

そうすると、リストカットをすることで、一時的にせよ気のまぎれを得ることができるのかもしれません。そこで、それを他の方法で得られないか考えてもらいました。

少し時間がかかりましたが、その患者さんが編み出した工夫は、ノコギリで板を切ることでした。最初はやたらめったら木材を切り刻んでいたのですが、そのうちに日曜大工の方向に進み、ちょっとした本棚などを自作するようになり、リストカットは激減しました。さらに、リストカットが減ることで、ずっと険悪だった親子関係も少し雪解けムードになりました。

問題行動を見つけたら、その意味するところを探します。除去できる原因があれば取り除きます。すぐに原因が見つからない場合は問題行動により得られるメリットを一緒に検討し、似たようなメリットが得られる、安全な行動に置き換えていきます。僕はこうやって対応しています。

ここまでやって、どうしても対応しきれない時は薬物療法の併用を検討しても良いでしょう。

9　併存症について

少し専門的なことになりますが、併存症と合併症は違った意味で用いるのが本当です。併存症は二つの状態に因果関係が無く、同時に存在している状態です。合併症は元々の状態やそれにまつわる状況が原因となって、あとから別の状態が出てくる状態です。

インフルエンザとコロナが同時に見つかったら併存症です。肺炎へと発展したら合併症です。

発達障害では、合併症は二次障害とほぼ同じ意味で使って良いと思います。合併症である二次障害については次に述べます。ここではさまざまな併存症について少しずつコメントします。因果関係が無いとは言い切れない場合もありますが、そこは大目に見てください。

睡眠障害は年齢を問わず高頻度で認められます。寝つきの悪さや夜中の目覚めは、家族を疲弊させます。静かで寝心地の良い睡眠環境にする、寝る前にはスマホやゲームなどの脳を興奮させる遊びはやらない、昼寝はほどほどにする、朝はちゃんと起こすなどの工夫が必要です。

家庭での工夫に限界があれば医師との相談です。どうしても睡眠が安定しない場合は、メラトニンやその系統の薬を使うことがあります。依存性もほぼなく、安全に使えることが多いです。成長して睡眠のリズムが整ってくると不要になります。

年齢が上がってからの不眠もあります。朝起き不良の場合は起立性低血圧の場合もあります。いずれの場合も対応ができる医療機関を探しましょう。

おねしょや昼間のおもらしもあります。程度や頻度にもよりますが、おねしょは小学校三年生くらいまでは治療しないで様子を見ることが多いです。発達障害では、おねしょがなくなるまで通常よりも時間がかかることが多いようです。

昼間のおもらしでは、何かに没頭して排泄を忘れることがあります。時間を見極めて「そろそろトイレね」などの声かけをしましょう。改善しない場合は医師と相談です。

オムツが外れにくい場合は、焦らず待ちましょう。特に大便は時間がかかります。

頭痛、腹痛、微熱、関節痛など、いわゆる不定愁訴もあります。体の病気がないか、小児科で診察してもらいましょう。特に異常がなければ、精神的なものとされてしまうかもしれません。

精神的と言われた時に、本人の精神がたるんでいるとか、気のせいだとしてはいけません。余計に不定愁訴が増えてしまいます。問題行動のところでも述べましたが、何らかのＳＯＳとして体の症状が出ていると考えるべきです。ＳＯＳの理由を一緒に考え、対応を工夫してみましょう。

緊張するとお腹が痛くなってトイレに駆け込むなんていうのは、ある意味体質です。すぐには改善しません。〝大舞台〟の前はトイレ・タイムをあらかじめ作っておくことをお勧めします。整腸剤や漢方薬を使いながら、成長して〝線が太くなる〟まで待つしかない場合もあります。

心身症とは、身体の病気の背景に精神的な要因が強く影響をしている状態です。その王様が拒食症です。拒食症の大部分は、発達障害とは無縁ですが、たまに食事や体重へのこだわりが発達特性である場合もあります。そんな時は、発達障害としての対応で道が開けることがあります。

まれに自閉スペクトラム症の偏食が突き進んで拒食になる場合もあります。この場合は、家族が無理やりバランスよい食事を取らせようとして子どもと激突し、結果的にハンガー・ストライキのようになってしまいます。栄養バランスよりも楽しい食事を目指すことが優先です。

年齢が上がると気分の浮き沈みが目立つことがあります。落ち込むのが鬱状態、気分が過剰に高揚するのが躁状態、それを繰り返すのが躁鬱です。躁鬱病は、現在は双極性障害と呼ばれます。いずれも、専門医への相談と、それぞれの気質に見合った生活スタイルの調整が必要です。

生真面目な人が頑張りすぎると心身のエネルギーが枯渇して鬱になることがあります。気ままに過ごす練習をしましょう。双極性障害の中でⅡ型と呼ばれる状態も気ままがオススメです。

その他、体の一部が勝手に動いてしまうチック、言葉が詰まってしまう吃音、てんかんなどを併存することがあります。てんかんは小児神経科などの専門医の受診が必要です。チックは害がなければ急いで受診する必要はありません。吃音は小児の言語聴覚士への相談がベターです。

発達障害それ自体も診断は一つとは限らず、いくつの発達障害が併存することがしばしばです。「発達障害はミックスジュースでいろいろな成分が混在している」という言い方もできます。

一つに拘泥して全体像を見逃すことのないように、支援者も心したいものです。

10　二次障害について

37頁の表にあるような状態は、元からある一次的な状態です。

一方で二次障害は、元の状態に対する不適切な対応が嵩じて発生した、あと付けの状態です。原則からいえば二次障害は予防可能であり、予防すべきものです。でも現実はそうもいきません。

前にも述べたように発達障害の支援や子育てにおいて「こうあるべき」という既成概念の押し付けは、良い結果を生みません。子どもの発達の実態に合わせた柔軟な育て方、適切な環境調整をしていくことが望ましく、それをしている限り二次障害は最小限に抑えられます。

でも、何らかの二次障害が発生したら、残念ながらそれまでの関わりが悪かったことになります。家庭か所属集団の関わり、あるいはその両方に改善すべき点があったということになります。なあに、わかったら改善していけばよいのです。

二次障害にはどんなものがあるでしょうか？

併存症のところでも述べた、身体的な不定愁訴や拒食症は、たまたま合併するだけでなく、関わりの不適切さが原因である場合もあります。睡眠障害も、皆んなが夜遅くまで起きているような家庭環境や、スマホやゲームの無制限さなどに由来する場合もあります。

適応障害は二次障害の代表選手です。適応障害とは「その人の年齢や立場で期待される社会的活動がうまくできない状態」と考えます。不登校や出社拒否などがその代表です。元々の発達の特性に合わない環境に置かれ続けると不登校や出社拒否につながっていくのです。

支援者としては、発達の特性に見合った関わりや環境設定を工夫していきます。

でも環境を変えれば良いと言っても、そう簡単にはいきません。家族状況やそのキャパシティー、所属集団の事情などから、適切な環境調整が進まずに、もどかしい思いをすることが少なくありません。

たとえば、支援者は厳しいと思っても、家族の強い希望で通常級在籍で小学校を始める場合があります。うまくいかず不登校になることもあります。でも、一度通常級でスタートしてしまうと、支援級に変更するのは大きな労力と決心が必要です。不登校になってから慌てて支援級に転籍したとしても、その状態から抜け出せず、不登校の膠着状態が変わらないこともあります。

適応障害に鬱などの精神疾患が合併し、精神科的な治療が必要になる場合もあります。でも、薬物などで精神疾患が改善しても、やはり不登校が改善されるという保証はありません。

小・中学校での不登校は、令和元年度は十八万人余りと報告されています。このすべてが発達障害の二次障害ではありませんが、不登校は増え続けており対応に苦慮することが多くあります。順番が反対のこともあります。つまり、二次障害が先に気がつかれて、よくよく調べているうちに発達障害が判明することもあるのです。精神疾患や心身症がきっかけになったりします。特に年齢が上がってくると、あと付けで発達障害が見えてくることが目立ちます。

年齢が上がるまで気がつかれない発達障害ですから、そんなに重度ではないかもしれません。社会人になるまで発達障害の診断が下されずにやってこられているような場合は、何らかの発達特性がむしろアドバンテージとして作用しているかもしれません。でもだからこそ、少しずつの無理が重なって二次障害として精神疾患や心身症を発症してしまうのでしょう。

こういった場合も含め、二次障害への対応は、目の前にある症状の治療や支援を行うことからスタートします。身体症状があればその治療、精神疾患があればその治療をします。

今一番困っていることへの支援を行って、ひとまず落ち着いてきたら、発達障害のアセスメントと必要な支援を始めます。その原則はこれまで述べてきた通りです。特性をアセスメントし、それに見合った対応を工夫したり、環境を調整したりします。年輪を重ねていると容易に変わらない場合もあります。でも、同じ轍は踏まないよう、生活に工夫を取り入れたいものです。

家庭での不適切な養育、いわゆるマルトリートメントが判明して、発達障害があとから判明する場合もあります。あるいは、発達障害はわかっていたけど、うまく養育ができずに児童相談所のお世話になる場合もあります。マルトリートメントが激しくて、子どもに発達障害類似の症状が出てくる場合もあります。マルトリートメントについては、次にお話しします。

11　マルトリートメントについて

子どもの健全な発育を妨げるのがマルトリートメントです。「不適切な養育」と訳されます。最近では「避けるべき子育て」という表現も出てきました。僕はこちらの方が支援の役に立ちそうに感じます。〝不適切〟というのは非難の意味合いが強くなります。〝避けるべき〟とする方が、家族にもやさしくて受け入れやすく、意味も分かりやすいのではないかと思います。

ともあれ、マルトリートメントは四つに分類されます。①身体への虐待、②精神的な虐待、③性的な虐待、④ネグレクト（種々の程度の育児放棄）です。

叩いたり、蹴飛ばしたり、怒鳴ったり、感情にまかせ親の気分で子どもへの態度を変えることは、発達に良くありません。その後の人生にも長く後遺症を残します。自分が親になった時、無意識に同じようなことを再現する場合も少なくありません。自覚して避ける必要があります。

性的な虐待は、最終行為のみならず、性的な情報や状況への曝露も含まれます。実はその頻度は高く、米国では女児の四人に一人、男児の六人に一人、日本でも女児六人に一人、男児の十人に一人というデータがあります。表面化しにくいだけに、発達に及ぼす影響は深刻です。

ネグレクトに関しては、どこまでそう判断するか、悩ましいところです。基本的には、その子の成長や発達に必要な養育や教育を与えないことをネグレクトと言います。本来は必要な発達支援を、親の勝手な都合だけで与えないのだって、ネグレクトと言えないことはありません。

発達障害の子育てはとても大変です。良かれと思ったことも裏目に出る場合が多く、周囲からの理解も得られにくいのです。孤軍奮闘も虚しく、追い詰められて余裕がなくなってくると、気持ちがささくれだって、ついつい怒鳴り散らしたり、手を上げてしまったりします。

実際、マルトリートメントのリスク・ファクターの一つに発達障害が挙げられています。仕方がないと容認するつもりは毛頭ありませんが、無理もないという側面は否定できません。

ではどうしたら良いか？　いろいろな考え方がありますが、私見を少し述べてみます。

本当の虐待では「しつけだからこのやり方が正しい。そもそも子育ては人それぞれだから、家族に任せ、専門家がとやかく口を出すことではない」という確信犯的側面が強く認められます。

これでは子どもがどんどん追い詰められてしまいます。躊躇なく児童相談所に通告です。

そこまで強固ではない場合は「余裕がなくなって、虐待になっていないかなあ」とか「悪いとわかっているのだけど、ついついやってしまって」というような、良心のかけらが残っています。良心が少しでもあれば、まだマシだと思います。マズイと思ったら、ぜひ反省してください。そうして、お子さんに向かって、「お母さんもイライラしていて、怒鳴っちゃってごめんね」と素直に謝れると良いと思います。帳消しとまではいきませんが、少しはリカバーできます。

そもそも、発達障害の子育てを一人でオペレーションするのには限界があります。きょうだいや老親、場合によっては配偶者も含めて、面倒を見なければいけない人が他にもいる場合は、なおさら大変です。お母さんのワンオペでは、そのうちに無理が嵩じて煮詰まってしまいます。

家族のサポートがあればベストですが、難しい場合は、いろいろなところにSOSを出してください。子育て支援や発達支援の機関もさまざまで、痒い所に手が届くような支援はなかなか難しいのですが、それでも諦めずにSOSを出していれば、いつか誰かがなんとかしてくれるかもしれません。時が解決してくれることもあるかもしれません。

お母さん自身が煮詰まらないための予防も大切です。いよいよ切羽詰まる前に、自分なりの精神衛生法、たとえば、心に充電をするような気分転換を心がけてください。

可能ならば、子どもを預けて〝自分にご褒美〟です。誰かとの他愛のないおしゃべりでもちょっとした買い物でもかまいません。

時間が全くない場合は、コンビニでいつもより少しだけ高いスイーツを買ってきて、夜中に一人で食べるのでも良いでしょう。ささやかな癒しの時間が、明日への活力になるのです。

話が戻りますが、支援者としては虐待を見つけたら通告義務があります。家族との関係性を考えると通告にはかなりの躊躇いを覚えるのですが、長い目で見ると通告しないほうが子どもの発育に悪影響です。

トラウマが原因で発達障害のような症状が後天的に出現する、発達性トラウマ障害も避けたい状況の一つです。

支援者として無力感を覚えることもありますが、親はもっと大変なのだろうと思って頑張るしかありません。

第四章　周囲とのしがらみ

1　父親について

発達障害における父親については、本が一冊書けるくらいの内容があります。

ここでは子育てパートナーとしての父親、発達障害の父親、その両方についてお話しします。

本当は、すべて理解してくれて、何でも手伝ってくれるのが理想です。でも、あまり現実的ではありません。そうなるといいなあ、と思うにとどめましょう。もちろん、お願いできそうなことや、承知しておいてもらいたいことは伝えた上で、現実はどこかで妥協をしなくてはなりません。

一方で、母親と父親が全く同じでも困ります。

たとえば、母親が心配で夜も眠れない時に、父親も同じようだったら、母親はもっと心細くなるかも知れません。あるいは、父親がもっと心配性だったらどうでしょう。もう少し心配してくれても良いのに、くらいがちょうど良いようにも思います。

男性は見た目よりも繊細で心配性で、辛い現実に向き合うのは苦手そうにも見えます。「自分のこと?」という天の声はさておき、強がっている男性ほど、危機的な状況には弱いのかも知れません。父親の無頓着な態度は、弱みの裏返しであり、強がっているだけなのかも知れません。むしろ、母親の方がいざとなれば肝っ玉が据わっていて、粘り強い感じがします。

子育ての見解についても、夫婦で完全に一致すればそれはそれで楽です。でも、万が一子どもにとっては間違っているような方向に落ち着いてしまうと、支援者としては困ってしまいます。政治と同じく、いろいろな意見が存在する多様性が、健全な社会生活には必要だと思います。

よく耳にする「俺もそうだったから大丈夫だよ」には「そうですね、何とか大丈夫になったのは、周りの支えがあったからか、一人で頑張ってきたからか……お父さんが大丈夫になったサポートで、今の世の中でお子さんにも当てはまりそうなことを探してみてください」と言ったりします。母親には「周りのサポートがあってこそ、ですね」と伝えて努力を労い、気持ちを支えます。

次に、父親も発達障害っぽい時はどうするか。

発達障害それ自身は遺伝しませんが、障害になりやすい発達特性は、性格や体格と同じように、親から子どもへと伝わります。そして何故か、発達障害の特性は父親譲りの場合が多いのです。

まず、父親や、父親の両親がかつて工夫してきたことを思い出してもらいます。そして子どもにも役立ちそうなことは取り入れます。もちろん、現代に合わせてアレンジする必要はあります。

父親の特性が強くて、ちゃんと診断してもらいた時はどうしたら良いでしょう？

その前提条件は、父親自身にも受診のモチベーションがあることです。奥さんに言われて渋々の受診では、正確な診断や対応が難しくなります。

中身はともあれ、社会人になって結婚して家庭生活を営めるくらいの社会性は育っています。なので、もし本人が困っていなければ、医師の診察でも、都合の悪い特性については言わないかもしれません。また、成人の専門医は少なく、表面的にはなんとかなっている父親の裏まで見通せる医師はもっと少数です。そうなると、もしかしたら診断はつかないかも知れません。

診断がつかなければ、鬼の首でも取ったようになって、もっと困った事態に直面しかねません。

もし、家庭があまりに大変になって子育てに悪影響が強い場合は、最後の手段も検討です。

でも、子どもが小さい場合は特に、おいそれと次のステップには踏み出せないでしょう。

ここでも、ある程度の割り切りが必要でしょうか。父親に期待できる役割を、奥さんの心の中で限定してしまって、要求水準を最低限まで下げるしかないかもしれません。

ちなみに、ネットなどで「夫&発達障害」と検索すると多くの参考書が出てきます。困っている奥さんがそれだけ多いということです。家族の有り様は本当にケースバイケースですから、本が参考になるかはわかりません。でも、何冊か手に取ってみると良いかもしれません。

せめて期待したいことは、受診しなくとも自分の特性に気がついてくれることです。気がつくだけで、まずは十分です。それだけで事態がだいぶ変わってきます。

そのためには、父親を非難するだけではダメです。ますます守りに入ってかたくなになります。頑張って褒めるべきところを探して、感謝の気持ちを言葉で伝えることから始めたいものです。

2　次の子や兄弟姉妹について

次の子をどうするか、ほかの兄弟姉妹への対応をどうするか、いずれも悩ましい問題です。

その子が自閉スペクトラム症である場合、次の子もそうである確率は約五％、診断には至らないけれども発達の凸凹がある確率は約二〇％、という報告があります。

五％ですから、大したことはないと考えるか、通常よりは確率が高いので深刻に考えるべきか、これはもう、家族によりけりでしょう。

きょうだいですから、診断は別として、似てくる部分もあります。いうまでもなく、診断がつくかどうかは、似たような特性があるだけではなく、社会的にうまく適応できていない場合です。キャパシティーオーバーにならなければ、二人目がいることのメリットは少なくありません。

発達障害の有無にかかわらず、子どもたちが家でワーワーと騒ぎまくってしまうと大変でしょう。でも、きょうだいは小さな社会でもありますから、いろいろなことを経験して発達していけるチャンスです。

よしんば発達障害であったとしても、一人目の子育てや発達支援の中で、ある程度のノウハウは獲得しています。発達のタイプが違って混乱するご家族もいますが、一人目の時のような五里霧中・暗中模索のような心細さは減り、いろいろ経験している分のアドバンテージがあるかもしれません。

一方で、二人目もそうだった時のがっかり度合いも考えておかねばなりません。

三人きょうだいで全員が発達支援を受けているなんていうケースにも出会っています。母親は逞しいなあと、本当に頭の下がる思いです。

やはり、周囲がとやかく言えることではなく、夫婦でよく話し合うしかないと思います。

別の意味で気になるのは、二人目が定型発達だった場合です。親亡き後のことも考えなければなりませんし、その前に園や学校でいじめられるのではないかという心配も出てきます。

親亡き後は、今の社会保障制度であれば、社会的に何とかなっていく場合がほとんどです。誰にも相談できなくて、きょうだいが途方にくれるということは稀だろうと思います。

きょうだいが障害児であるが故にいじめられることも稀です。ただ、大人に偏見や差別があると、子どもにも伝染します。担当の先生に事情を話して、さりげなく見ていてもらえると安心です。きょうだいに家事や障害児の支援をどれくらい手伝ってもらうか、きょうだいに障害児のことをいつどうやって伝えるかなども考えどころです。

きょうだい支援の専門家は「きょうだいはきょうだいであって支援者ではない。過度に依存するのは、きょうだいにとって負担でしかない」なんて仰っていました。

でも、家族ですから困っている時はお互い様で、ある程度のお願いは差し支えないと思います。そうして、お願いをした時は、ちゃんと感謝の気持ちを言葉で伝えるようにしましょう。「きょうだいだから手伝って当然だよね」は厳禁です。

きょうだいへの世話などが後回しになることもあります。時々〝二人デート〟をしておいしいものでも食べて、労をねぎらってあげましょう。

障害のことをどんなふうに伝えるかについては、案外と質問を受けたことがありません。決まったやり方はありませんし、それぞれの家族のやり方で、必要な情報を伝えているようです。

僕がもし聞かれたら、きょうだいの理解に合わせてわかることを少しずつ伝えるように言います。「言葉が遅い」「時々手が出たり癇癪を起こしたりする」「動きが多いから迷子になりがち」「勉強が苦手だから学校ではみんなと同じクラスではない」などです。診断名なんて最後で良いのです。

子どもは大人の偏見や差別に敏感です。障害のあるきょうだいの情報は、価値判断を交えずに、つまり良いとか悪いとか、優れているとか劣っているとかではなく、フラットに伝えるようにしてください。比べるのではなく、一人一人がかけがえのない存在なのです。

客観的で現実に即した情報を伝えていると、たいていのきょうだいは驚くほど物分りが良いものです。率先してお手伝いもしてくれます。反抗期に荒れる場合もあるようですが、対応を間違って抑圧しすぎなければほとんどは一過性です。慌てずに時を待つことです。

親がくたびれて果ててしまった時も、ちゃんと伝えましょう。子どもは自分のせいで親の具合が悪くなったと勘違いして、自分を責めてしまうかもしれません。

そうではなくて「誰のせいでもないけどお母さんはくたびれちゃって、充電がたまってくるまで、少し待っていてね」くらいのメッセージを伝えて、安心させてあげてください。ここでも情報を正確に伝えることが大切です。

3　祖父母や親戚について

祖父母に関しては、父親について書いたこと（108＆200頁）がある程度、当てはまります。

現代の日本では核家族が多く、祖父母との同居が少ないので、物理的には距離があります。同居していないからこそ、祖父母の心配は強いかもしれません。発達が遅れていることを言おうものなら、蜂の巣をつついたような騒ぎになることがあります。反対に、まだいいかと思って悠長にしていても、早く相談に行きなさいと、かなりの熱心さで促されることがあります。

親子ではどうしても遠慮がなく、独立した大人になっても上下関係が発生しやすくもあります。孫可愛さのあまりとわかっていても、当の父母にとってはちょっと有難迷惑の部分もありましょう。夫婦でも最初は意見がぎくしゃくしがちですので、外野がうるさいともっと気を遣います。

はっきりと言える間柄であれば、子どものことは夫婦で相談して対応して、その都度報告もするから、少し見守っていて欲しいということを伝えましょう。

それが難しければ、相談が軌道に乗るまではお茶を濁して、言わないでおくのも仕方ありません。外来でも、祖父母には一切報告していません、なんていうご家族はたまにいらっしゃいます。もちろん、子どもの発達の状態を伝え、的確に理解してもらい、必要な部分は手伝ってもらえるのが理想です。でも、世代や価値観の違いもあり、発達障害に対する理解が難しいような場合は少なくありません。

育て方のせいだと勘違いしている場合もあります。根強い偏見が残っている地域もあります。それぞれの家族にとって、祖父母との丁度良い距離感を探っていくしかないと思います。

「祖父母にも特性があるかも？」の場合も、父親の場合と同様ですが、父親以上に受診にはハードルが高いです。専門医も限られています。祖父母に変わってもらうことが期待できない場合は、こちらが少し遠巻きのスタンスを取っていくしかない。寂しいけれどそれが現実でしょう。

子育てのお手本は、反面教師も含めて、祖父母のそれです。嫌なところが似ないと良いですね。

親戚は祖父母よりも遠い存在で、そのことがむしろ、過剰な干渉ではなく、程よいサポートにつながるように感じます。血が繋がっている気安さと、ほどほどの距離感が良いようです。近場の場合は、子どもが行き来したり、ちょっとした時には預けたりすることも可能でしょう。

でも、これも地域性によりましょう。都会では〝遠い親戚より近くの他人〟の方が頼りになるかもしれません。村社会的な風土が強い地域であれば、障害児への風当たりは強いかもしれません。その土地土地の文化や親戚の風習に合わせた親戚付き合いや人付き合いが必要です。「嫁いできた嫁」なんていう立場が色濃い場合は、苦労が絶えません。障害児が授かってしまってから「うちの家系にはこんな子どもいませんよ」なんて言われると身の置き所がなくなります。

でも、支援者から見るとそんな嫌味を言うおばあちゃんも発達障害チックだったりします。「そんなこと言っているけど、実はおばあちゃんにもそのケがあるんじゃない？」と言ってあげると、お母さんたちは安心したような表情を浮かべます。もし言えそうなら、ですが……ささやかなことでも、支援者がお母さんの肩を持つことはとても大切だと思います。

熱心なご両親は家族歴をよく調べています。たとえば「父親の兄弟の子どもが障害児のようですが、関係ありますか？」などと聞かれることがあります。

遺伝子が影響するのは、感覚的には二等親くらいまでです。子どもの両親は一等親、子どもの兄弟姉妹と祖父母は二等親です。そこから先は、因果関係はあまり意識しないで良いと思います。もちろん、遺伝子は多少リンクしますから、完全に無縁とは言い切れません。でも、本人から見て従兄弟くらいだと「だいぶ遠いなあ、たぶんあまり関係ないと思います」とお伝えしています。

外来や相談場面に、いつも祖父母や親戚がついてくる場合があります。お節介は困りますが、純粋な好意だけで、ほどよい距離感でサポートしてくれているような場合は、ありがたく受け止めます。

でも時々、母親が監視されているような雰囲気が醸し出されることもあります。そんな場合は、支援者が母親の労をねぎらい、母親の尽力があってこそ発達が支えられていることを伝えます。「お母さんが頑張っているから、お子さんもちゃんと成長していますよ。安心して見守っていてくださいね」こう言って、母親をサポートするように心がけています。

4　ママ友とカミングアウトについて

やはり同じ境遇のお母さんたちとの付き合いが一番楽なように見えます。発達障害での困り感もわかってもらえる、アドバイスももらえる、それ以外の他愛のない話もできる、とにかくそんな付き合いが、とても支えになるようです。

発達障害と関係のないお母さん相手だと、どうしても薄い膜があるようでなかなか打ち解けられない。発達のことで愚痴を言っても、なかなかわかってもらえない。そもそも、わが子に障害があることを打ちあけるかどうかなど、いろいろと難しいようです。

ママ友と言えるような、打ち解けた関係になっていれば、障害のことも言えるかもしれません。でも、ちゃんとわかってもらおうと思うと、向こうも気を遣ってしまうかもしれません、こちらも期待して、却ってギクシャクしてしまうかもしれません。

詳いことはともかく、なんとなく承知していてくれればそれで十分、というようなスタンスでいれば良いのではないでしょうか？

ママ友以前の、顔見知り程度の場合はどっちでも良いでしょう。言うとしても、さらっと「発達のことで時々相談に行っているの」「うちの子、動きが多くてごめんなさいね」「なんだか空気が読めないみたいで困っちゃうの」くらいでしょうか？

相手は「あらそうなの？　でも大丈夫よ！」という気休めを言うかもしれません。わかってないなあ、なんて深く受け止めないで良いと思います。反対の立場でも、そう言うしかありませんね。もしそんな時に「本当に大変なお子さんね」なんて言われようものなら、ママ友赤信号です。そうではなくて、こちらの告白をさらっと受け止めてくれて、それでも距離が離れないのであれば、ママ友の仲間入りかもしれません。

園や学校の先生から「周りの保護者に発達障害を伝えてほしい」と言われたらどうしますか？所属集団で和を乱しがちで、先生も手を焼いているのかもしれません。他の保護者から「先生の指導能力」について疑問を呈されているのかもしれません。昔と違って、保護者の許容度はかなり低くなっています。〝お互い様〟が通用しなくなっていて、先生たちも大変そうです。

まずは、先生にカミングアウトを求めた理由を聞いてみましょう。話を聞いて、そう言うのも無理はないなあ、と思ったら、次に実際にどうカミングアウトするかを検討します。事情を知っているママ友がいたら、意見を聞いてみても良いと思います。

理想は、カミングアウトすることで周囲の理解も得られて、子どもの居心地も良くなるという状態になることです。でも集団でつまはじきにされてしまうような、より悪い事態になってしまうことも考えねばなりません。

発達障害についてはだいぶ一般でも知られるようになってきました。でも、障害に対しては、まだ根強い偏見と差別意識が残っています。また、地域によっても異なるでしょう。

ありのままを伝えて、かえって差別を浮き彫りにさせてしまう心配もあります。なので、どうしても言わなければならない場合、最初は障害という言葉は含めない方が安全でしょう。

たとえば、言葉やコミュニケーションが遅いこと、集団活動が苦手なこと、動きが多くて乱暴なこと、でも専門家にも相談していること、そして、家庭でも気をつけているけれども、もし何か気になることがあれば教えてほしいことなどでしょうか。

応用編として「先生から保護者に伝える」という場合があります。信頼できる先生で、事前に伝える内容の打ち合わせができれば、それもアリだと思います。でも基本的には、当のお母さんもいる環境で、自分の言い方で伝えるのが望ましいように思います。ただ逆に、問題児扱いになっていて、お母さんはいない方が良い場合もあるかもしれません。これもケースバイケースです。

周りの子どもに伝える場合も、基本的には同じです。どっちにしても、障害名をいきなり伝えると、診断名だけ尾ひれがついて飛んで行ってしまう危険性があるので、避けるのが良いでしょう。

いずれの場合でも、当の本人がいる場面でするかは慎重に検討すべきです。よほどのことでなければ、本人はいない方が良いように思います。

反対に、カミングアウトに納得がいかなければ、しないのもアリです。保護者の了解を得ないで、伝えてしまった場合は、個人情報漏洩になりますので、しかるべき対処になるでしょう。

5　子どもの友人関係といじめについて

第三章の社会性についてのところ（74頁）で述べたことの続きのような内容です。

自分だけでは友達関係がうまくいかないことがあって、周囲の理解と手助けが必要です。

小さいうちは、ただ群れてじゃれているだけの付き合いです。でも自閉系の発達障害があると、そういったなんとなくの人間関係は苦手です。ペースの合いそうな仲間を見つけ、大人が遊びの場面をお膳立てしてあげましょう。

家族ぐるみの付き合いがあればなおよく、家を行き来したり、両家で出かけたりできます。

年齢が上がると、自分の世界を持つようになります。思春期手前あたり、学年でいうと小学校五年生くらいから、友達付き合いが変わります。趣味仲間というものができてきます。こだわりがあって、興味のあることにはとことんのめり込むタイプのお子さんにも、出番が回ってきます。

最近では、趣味と言ってももっぱらゲームですので、ちょっと幅が狭すぎますが、それでも自分の好きなことを共有できる仲間ができてくるのは、素敵なことです。

知的な遅れがメインで、対人能力や人柄がよく、友達が寄ってくるタイプのお子さんもいます。人間関係は財産になりますので大切にしたいものです。

年齢が上がって、周りが精神的に大人になってしまうと、付き合いが薄くなることがあります。薄くなったとしても、たまの付き合いを残しておき、絆は繋げておくと良いでしょう。どこかで助けになるかもしれないからです。

一方で、うまくいかない相手とは無理やりつき合う必要はないと思います。一人で楽しい時間を過ごせているのに、〝誰かと遊ぶのが良い〟という価値観を押し付けてしまうと、子どもは自分の社会性の拙さと周囲の期待との間で板挟みになっていく心配があります。

年齢が上がると、友達付き合いも変わってきます。小さいうちから親が必要以上に慌てたり騒いだりしないようにしましょう。

ＡＤＨＤタイプで、乱暴の度合いが強いと、症状の強い幼児期は苦労します。でも、周りもやんちゃなので、似たような仲間で走り回って楽しむことができます。怪我もあるかもしれませんが、〝お互い様〟が許される関係であれば、大人が間に入ったりして、ちゃんと対応していれば大丈夫でしょう。いじわるが強くなければ、それなりの居場所ができます。

年齢が上がって周りが落ち着いてきても、本人がまだ乱暴な場合は、少しずつ孤立していく心配があります。支援者としても悩みの種です。ＡＤＨＤはブレーキが効きにくいので、暴走が止まらない場合は周囲が介入して、言葉や行動にブレーキをかけてあげる必要があります。

それでも、少しずつ落ち着きを獲得していきます。周囲が焦って過剰な介入ばかりをすると、依存的になって自立が遅れる心配もあります。基本的には、自分で落ち着きがないことを自覚し、自分で自分のコントロールをしていくことが自立への道です。

発達障害があると、さまざまな局面でどうしても怒られたりダメ出しをされたりすることが多くなりがちで、自尊心がなかなか成長しません。いわゆる〝ひねくれた成長〟の心配もあります。そうなるとますます友達付き合いは狭まり、悪循環に陥ります。怒ったらその分、褒めるのが原則です。成功体験を増やし、こまめに褒めることが大切です。

大人は介入と見守りのバランスを常に見極めておく必要があります。子どもを信じて、最低限必要なサポートや指導は行った上で、発達を待つというスタンスも必要です。

いじめなどのネガティブな人間関係にも注意しておくことが必要です。

教師のえこひいきや差別がいじめの原因になっていることがよくあります。みんなの目の前で公然と怒られることが多い子どもは、子どもだけの場面でもはじかれることが多くなりがちです。

いじめとは、やられている方が嫌な思いをしたら、いじめです。端から見ていると遊んでいるだけのようにも見えますが、いじめている方は何らかの快感を得ているのです。

それを大人が見て見ぬ振りをする、もっと悪いことに、いじめられている方が悪いなんて言おうものなら、子どもは救われません。いじめられている子どもは、自分が悪いから仕方がないんだという、ネガティブな感情に陥りがちで、そうなると余計にＳＯＳが出せなくなります。

ちなみに、最大のいじめは無視です。意地悪から始まって、最終的には完全無視の仲間外れになります。そんな境遇に至った子どもの苦しみは、計り知れないほど大きいのです。

いじめは大人の断固たる対応が不可欠です。親がしっかりと出て行って、相手に毅然とした対応を求めましょう。そもそも親がうるさいとわかっている相手には、いじめを仕掛けないものです。

第五章　年齢別の配慮

1　集団生活に入る前に考えておきたいこと

本章では年齢別に、気をつけておきたいことをお話ししていきます。ここでも大事なことは繰り返し述べたいと思います。重複する内容もありますが、ご了承ください。

発達障害の支援は「生活モデル」です。発達の凸凹があっても、毎日の生活がスムーズに進んでいくような工夫を、当事者も含めたみんなで考えていくこと、これが支援の原則です。

人間は社会で生活していく生き物であり、人々の間での生活が不可欠です。集団場面を避けて通ることはできません。でも、発達障害の場合は集団が苦手だったりもします。ですから、なおさら集団場面での成長発達が期待できるような環境や関わりが必要になってきます。

乳児期から園に通っている場合は別として、一般的には集団生活に入るための目安があります。言葉での意思疎通ができること、身の回りのことがある程度できること、周りの子どもたちと仲良く遊べること、何より母親と離れて数時間を過ごせることなどでしょうか。幼稚園での三年保育が始まる満三歳児の定型発達のお子さんならば、そこそこできるようになっている内容です。発達障害ではもう少しあとにならないとできないかもしれません。でも、それでかまいません。入園の可否に絶対的な到達基準はなく、〝その子と園とのマッチング〟の方が大切なのです。

これは、小学校でも言えることです。大事なことは、何ができるようになっているかではなく、集団生活に馴染んで、そこで楽しくやっていけるかどうかです。入園までにあれもこれもできるようにならなくては、という焦りは逆効果になることがほとんどですから、厳禁です。

比較的重度で、コミュニケーションも身の回りのこともままならず、何より母親から離れることが難しい場合は、無理に母親から引き剝がしても、安心した集団生活を過ごせません。反対に、重くても園でのサポートがあって、子どもが楽しく通えるならばアリです。それなりに発達しているけれども、ちょっと微妙かなという場合も同じです。遅れや特性があっても、それに見合った保育をしてくれる園であれば可能でしょうし、相対的に軽度であっても、行儀作法や集団生活の規律などに厳格な園では難しいと思います。

一昔前よりも理解は進んで、障害があるだけで入園を断られることは、ほぼなくなりました。そもそも、障害を理由に入園を断ることは、障害者差別解消法で禁止されていることです。

最近では、発達支援に前向きな園も増えてきました。そういう園では、一人一人に合わせて、ちゃんと見たいという思いも強く、園のキャパシティを超えないようにしているところもあります。そうなると、入園が早い者勝ちになることもあるようです。

支援に前向きな園を知るのは、なかなか難しいことです。ホームページ等に書かれることもあまりなく、口コミに頼るしかありません。専門機関に通っている場合は、そこで情報を得られるかもしれません。ただ、公的な相談機関では、特定の園を勧めるのを躊躇うことがあります。どこが良い園なのかを聞くのではなく、「皆さんから名前が出る園はどのあたりですか」などと聞いてみるとよいかもしれません。

入園を希望する場合は、診断名を伝えるかはともかく、発達の心配があって専門機関に相談に行っていることは伝えておいたほうが良いと思います。

そもそも言わなくても、園としては遅れや特性はわかります。でも園としては、言ってもらえた方が、心の準備や体制の整備ができるので有り難いようです。

正直に伝えて断られたら潔く諦めましょう。無理に入ってもうまくいかなくなります。

入園したい園が見つかったら、下見に行ったり、体験保育があればそれを利用したりします。お子さんと一緒に実際に足を運んで、園の雰囲気を味わってみましょう。

指導方針の確認も大切です。子どもが苦手なことを指導方針としている園に入るのはお勧めしません。苦手なことは支援機関でやるとか、年齢が上がってからするとかで良いのです。言うまでもなく、園でも発達のサポートを頼めるのが理想的です。でもそれは子どもが園に馴染んだ後のことになります。人生最初の集団生活です。何はともあれ、楽しく毎日通えるようにしていくことが大事です。もし、適切な園がなければ三年保育にこだわる必要もないと思います。集団が楽しければ、少しずつ発達しますし、その反対もまた真実です。

2　保育所や幼稚園で気をつけたいこと

まずは楽しく通えるようになること、それが何より大切です。

発達障害は集団生活が不得意で「園時代はあまり良い記憶がない」なんて言われることもあります。少なくとも、毎日ちゃんと通うことが大事です。最初のうちは必ずしも楽しくなくても良いかもしれません。嫌なことがなくプラスマイナスゼロであれば十分、と考えても良いでしょう。

はじめは、いろいろなことに慣れずに、母親から離れるのにもグズグズしてしまう場合もあるでしょう。これも園と相談ですが、少しずつ保育時間を延ばしていくもアリだと思います。

昔は、保育時間中もずっと保護者がつきそうこともありましたが、最近では少なくなっています。療育機関ではありませんし、必ずしも保護者がずっといる必要はないと思います。

園のスタッフは慣れているので、オロオロしている母親を尻目に、泣き叫んでいる子どもを抱き抱えて、建物の中に連れて行きます。なまじ母親がウロウロしていると、子どもの諦めもつかないかもしれません。これは発達障害のお子さんでも基本的には同じです。

早ければ数日、長くても数週間で朝の分離不安は減るでしょう。五月の連休を過ぎ、どんなに長くても夏休みに入る前には落ち着きます。休み明けは少し不安定になりますが、一瞬でしょう。反対に、夏休みが明けても、いつまでたっても母親と離れられない場合は、何かを再検討する必要があるかもしれません。もっとも朝だけグズグズ言うけれども、数分で泣き止んで降園時はニコニコして帰宅するなんていう場合は大丈夫です。ともあれ、園の先生とよく相談しましょう。

発達障害の診断がついている場合は、いつか、園の先生と共有することをお勧めしています。前にも述べましたが、先生たちはたくさんの子どもを見てきており、ちょっと違うなあという感覚は持っています。でも、ご家族から申し出がない限り身動きが取れないのが実情です。大事な情報を隠していても、子どものためにはなりません。むしろ、情報をしっかり共有して、一緒に子どもの発達を伸ばしてもらうことが大切です。

専門機関で発達支援のサービスを受けているとしても、園で過ごす時間の方が圧倒的に多いはずです。園が発達を伸ばすためのより良い土壌になることこそが、発達支援の理想形です。

極論を言えば、園で発達を十分に伸ばせれば、それ以外の発達支援は受けなくても良いくらいです。でも、なかなかそうなることは少ないのが現実です。

ともあれ、診断を受け、支援を受けているのであれば、園と家庭と支援機関で共同歩調を取ることがお勧めです。診断名だけでなく、特性の把握や対応方法について、みんなで工夫します。

療育センターでは良いアイディアが浮かばなくても、現場の先生が素晴らしい支援を行ってくれることもあります。ご家族から良いアイディアが出てくる場合だってあります。

三人寄れば文殊の知恵です。みんなで考え、みんなで発達を伸ばしていければ良いのです。

こういった連携で大事なことは、正確な情報を共有することです。でも、どうしても情報にバイアスがかかってしまうことは避けられません。たとえば、ご家族は園の対応に疑問を持っている、一方で園はご家族の養育状況を懸念しているなんてことが起こり得ます。

支援者としては、どっちかに肩入れすることなく、双方の言い分にしっかり耳を傾けるようにします。どっちの言い分にも、それなりの理はあるからです。その上で、情報や認識に食い違いが生じている場合には、第三者的な立ち位置で落としどころを探っていきます。支援者としてどちらかに見方が偏ることは、厳に慎みたいと思っています。

欲張って細かいことを言うならば、園生活で育んで欲しいことはいろいろあります。言葉やコミュニケーション、友達との遊び、集団活動の楽しさ、日常生活スキルの獲得などなどです。

でも、保育所や幼稚園時代で、僕が最良の結果だと思うことは、あとから振り返って「通って楽しかったなあ」という、良い思い出ができることです。

これができるようになった、あれができるようになった、というのはその次で良いと思っています。ちょっと偏っているでしょうか？

3　小学校に入る前に必要なこと

世間では、小学校入学前にできるようになるべきことがいろいろと言われています。試しにネットで検索してみたら出てくる出てくる……いちいち書きませんが、やたらとハードルの高いことまで要求されています。でも、ここでは、それは脇に寄せておきましょう。

詳しくは次にお話ししますが、保育所や幼稚園の選択と同じく、小学校入学で大事なことは、お子さんの発達の状態と小学校の環境とのマッチングです。発達がゆっくりである場合、無理したり頑張ったりして小学校に合わせる必要はありません。なので、特別な準備も不要です。

とはいうものの、各方面からのプレッシャーはいろいろありますね。

やれ文字は覚えたか、数字は覚えたか、名前くらいは書けるようになったか、お尻は自分で拭けるようになったか、おねしょは無くなったか等々、ちょっと書くだけでもたくさん出てきます。

僕だって外来で聞いてしまったりしています。

でも、できなきゃできないで良いのです。小学校入学前までにこれが絶対できていないといけないなんて必須項目はないのです。

年長（五歳児）の秋くらいになって、お母さんたちが焦り出して、お子さんにプレッシャーをかけるようになると、親子関係がギクシャクしてきます。お互いにイライラが募って、できるものもできなくなり、伸びるものも伸びなくなります。焦りは禁物です。

とはいうものの、気にはなるお母さんもいるでしょう。どうしても我慢できなければ〝試しにプレッシャーをかけてみる〟くらいは良いかもしれません。それでできればラッキーです。でもそれで難しければ、いさぎよく諦める。小学校に入ってからでいいや、と先送りにするのです。それくらいで十分です。入学前に親子共々情緒不安定になることだけは避けたいものです。

園では集団生活の楽しさを味わっておいてほしいことは、前にも述べました。園での楽しい思い出は、小学校に入ってもし大変な毎日が待っていても、絶対に糧になると思うからです。

一緒に小学校に上がれる友達もいると良いでしょう。もしクラスが違ったとしても、それはそれ、一緒に通えるという心強さは何ものにも代え難いのです。

やはり、お子さんにとって必要なことは楽しい毎日くらいで、他にはそんなにありません。

でも、親御さんに準備しておいて欲しいことは幾つかあります。

発達に関して言えば、園時代に培ったことを整理しておくことです。自分の子どもの特性や凸凹、得手不得手をもう一度洗い出しましょう。苦手なことへの対処や工夫、たとえば癇癪を予防するにはどうしたら良いかとか、パニック時にはどう対応すると良いかとかなど、子どもへの適切な〝対応マニュアル〟みたいなものがあると良いでしょう。もちろん強みも挙げておきます。

主に発達に関して、子どもの情報を文書にまとめるやり方があります。名称はさまざまですが「就学支援シート」と呼ばれることが多いようです。保護者と園の共同作業での作成が理想です。

できるだけ文書を作成して、学校に情報を引き継いでいきましょう。園から学校へ、直接でも良いですし、家族経由でも良い、あるいは発達支援機関を利用しても良いでしょう。

どの子どもにとっても、小学校生活は一段階ハードルが上がります。スムーズに階段を上がれるよう、これまでの対応方法をしっかり伝えること、伝える準備をすることが大切です。

子どもに一番やってあげて欲しいことは、小学校への期待を膨らませてあげることです。

小学校一年生から不登校になる子が増えています。学校の現実はなかなか厳しいものがあるのです。でも、そんなことを子どもに伝えても意味はありません。

昔ながらで良いと思いますので「小学校は楽しみだねえ」と期待を盛り上げておいてください。

そういえば「一年生になったら♩ともだち百人♩できるかな♩」なんて歌がありました。まど・みちお作詞、山本直純作曲で一九六六年の発表だそうです。半世紀以上も前の童謡なんだと、ちょっとびっくりする思いでした。

ぜひ、この曲を一緒に歌って雰囲気を盛り上げておいてくださいね。

小学校を選ぶ際に必要なことは、就学相談を含めて、次にお話しします。

4　小学校の選び方――特別支援教育について

発達障害の教育の原則は特別支援教育です。少し堅苦しいのですが、まず特別支援教育について、文部科学省のホームページからの引用をご覧ください。

「特別支援教育」とは、障害のある幼児児童生徒の自立や社会参加に向けた主体的な取組を支援するという視点に立ち、幼児児童生徒一人一人の教育的ニーズを把握し、その持てる力を高め、生活や学習上の困難を改善又は克服するため、適切な指導及び必要な支援を行うものです。平成19年4月から、「特別支援教育」が学校教育法に位置づけられ、すべての学校において、障害のある幼児児童生徒の支援をさらに充実していくこととなりました。

特別支援教育は、少し前の特殊教育とは異なり、一人一人に合わせた教育がモットーです。〝オーダーメイドの教育〟と言えるでしょう。現場の先生たちには、かなりの労力を必要とする制度です。でも、スタートから十五年近く経過し、だいぶ浸透してきているように感じています。

ここでは、診断の有無は問われていません。上記にもあるような〝一人一人の教育的ニーズ〟がキーワードです。診断ではなく教育的立場からのアセスメントと支援が必要なのです。特殊教育のように障害種別やその程度に応じた〝子どもの仕分け〟もしません。一人一人の教育的ニーズを把握し、それに見合った教育をしていくことが基本発想です。

しかも、それを〝すべての学校〟において取り組んでいく、これも画期的なことです。でも、教育的ニーズがとてもたくさんあって、支援もたくさんあった方が良いと判断された場合は、以下のような、通常級以外の選択肢も視野に入ってきます。

現在の小学校には、通常級・通級指導教室・特別支援学級・特別支援学校があります。特別支援学校は、まだ養護学校と呼ばれているところもあるかもしれません。

それぞれの特徴はあるのですが、地域によって微妙に運用が違いますので、注意が必要です。

まず通常級についてです。〝通常級に行ったら支援はない〟というのは間違いです。原則は担任一人ですから、やれることに限界はありますが〝通常級でも支援はあり〟です。

通級指導教室は、通常の学級に在籍しながら、その子の特性に見合った個別の指導を受けるための教室です。自治体にもよりますが、週に何時間か通うスタイルです。在籍校に通級指導教室がない場合は、近隣校にある「他校通級」を利用することになります。ちょっと手間です。

特別支援学級は少人数クラスです。個別教育計画に基づき、一人一人に合わせた学習指導や生活支援を受けます。適応状況や集団の必要性にあわせ、通常級でも活動する交流を併用します。

特別支援学校は、より障害の度合いが重いお子さんに対して、学習面にとどまらず生活全般の手厚いサポートが行われる場所です。人手の面でも、サポートの内容でも手厚さがウリです。最近では人気が出てきて、比較的重度でないと入れない地域が多くなっています。

次は小学校選択の段取りです。通常は年長になったら、地域の教育委員会に申し込んで、就学相談を始めます。開始時期は地域によります。早ければ夏前に開始し、遅くとも年内には決まることがほとんどです。そこでは各種専門家により子どものアセスメントを行い、小学校で想定される一人一人の教育的ニーズを把握し、親御さんと協議のうえ、就学先の方向性を打ち出します。支援する立場からすると、概ね妥当な判断だと思うことがほとんどです。でも、ご家族によっては「通常級以外は考えていません」と仰って、見解が一致しないこともあります。

教育委員会側は極力合意形成を図るように努力していますが、最終決定権は家族にあります。

僕は〝迷ったら無理しない〟ことを原則にしています。つまり、無理して通常級に行ってもより良い発達が望めない場合、一段階下げることお勧めしています。

通常級でスタートして「ダメだったら支援級に移ります」と言う親御さんもいます。でも「ダメだったら」というのは避けたいのです。しかも降格のような移籍では、判断に際して未練が残り、うまくいかない状況が長期化する危険もあります。

地域によりますが、安全なクラス設定で開始し、大丈夫なようであればステップアップする方が得策だろうと思います。でも実際はなかなか難しいところです。

5　小学校で注意したいこと

授業での学習が始まることが、保育所や幼稚園との大きな違いです。

四十五分前後の授業が一日に最低でも四～五コマ、それが週に五～六日です。

「勉強なんかできなくてもいいんだ、俺だってそうだったから」なんてお父さんが言っても、当の本人にとっては、授業の内容が理解できるかどうか、自分のペースではなく先生のペースにそって学習を進められるかが問題です。

板書がネックになる場合もあります。見て、聞いて、写して、理解して、というのはいろいろなことの同時作業であり、発達に課題のあるお子さんにとっては、案外と難しいことなのです。

時間割というものがあって時間ごとに目まぐるしく内容が変わります。前日に時間割を見て教科書やノートを揃える作業も必要です。教科書やノートだけではなく、体操着やリコーダーや書写の準備など、家でやることもたくさんあります。宿題もあります。やることが急に増えてきます。家では家族に頼めても、通常級に入った場合、学校では基本的に一人でやらねばなりません。

〝小一プロブレム〟という状態が問題になっています。ここで述べたようなことがうまくいかず、小学校生活の軌道に乗れない状態です。授業中に自分勝手な行動をして学級崩壊を引き起こすこともあります。小一から不登校になってしまう場合もあります。

もちろん、担任の先生だって一つ一つ指示してくれるかもしれません。もたもたしていたら助け舟だって出してくれるかもしれません。でも先生が一人の場合は限界があります。

少し前の統計ですが、通常学級でも配慮の必要な子どもの比率は六・五％だそうです。一クラスに二～三名はそう言ったお子さんがいる勘定になります。

サポートの必要なお子さんの場合は特に、定期的に担任との情報交換をしていくことが大切です。園時代のやり方で有効だったこと、小学校でもできそうなことをお願いしましょう。

個別教育計画を作る場合も、これまでの経緯を参考にしつつ、家族からもお願いしたいことを伝えられるとベストです。家族と学校の共同作業でやっていけることが望ましいのです。

家庭でのサポートもしっかり行います。上で述べたようなさまざまなこと、それ以外にも登下校などで大人のサポートが必要な場合は、最初は手厚く支援をするのが良いと思います。

ただでさえ、お子さんは小学校の新しい環境で不安を感じています。「もう一年生なんだから一人で頑張りなさい」というのは少し厳しい注文かもしれません。

最初は手厚く支援して、慣れてきたら少しずつ一人でもできるようにしていきましょう。

友達関係も新しくなります。園時代よりもいろいろな仲間と出会うことになります。相性の良い子どももいれば、そうでない相手もいます。もちろん〝友達百人〟の必要はありませんが、仲間はずれやいじめなどがないか、こういった点についても担任と情報共有できると安心です。

どんなことでも、子どもからSOSが出てきたら、まずは子どもの言い分を聞いてあげましょう。わが子に非がある場合だってあります。でも、最初に子どもを責めてしまうと、どうせ怒られるだけだと思ってSOSが出せなくなり、家の中でも孤立感を深めていきます。

いつもと様子が違うけれども、何があったか話してくれないなんていう場合もあります。子どもにもプライドがありますから、自分の弱みになることは言えない場合もあるでしょう。

根掘り葉掘りが良いとも限りませんが、体にあざや傷があったり、物が盗られてしまったりするような場合はちゃんと聞き出す必要があります。そうでなければ「お母さんができることは手伝うから言ってね。お母さんはいつでも味方だからね」という声かけと見守りが良いと思います。

四年生くらいを境として、学習がぐっと難しくなります。こなさなくてはならない量も増え、内容も複雑かつ抽象的になります。無理をして通常級でスタートしても、アップアップしてくる頃です。移籍の潮時を見失わないようにしましょう。

この頃、人間関係も複雑になっていきます。発達障害の子どもが苦手な〝裏表〟が増えます。特に女児は大変そうに見えます。それぞれの嗜好もはっきりしてきます。趣味オタクぶりを発揮して、上手くいくようになることもあれば、孤立が深まる場合もあり、学習と併せて要注意です。

6　学校の先生との付き合い方

保育所や幼稚園で気をつけたいこと（134頁）は、ここでも当てはまります。

家庭や学校、必要があれば専門機関も含めた関係者の連携によって、学校が発達を支えるための最良の場になることがベストです。そのための特別支援教育システムです。家庭や学校での様子、家庭や学校での対応など、情報共有を定期的にできていると、とても安心です。

「学校のことは学校でちゃんとやりますので、お任せください」とばかりに、あまり学校での情報が流れてこない場合があります。お子さんがちゃんと学校生活を過ごせていて、少しずつ発達していれば、これでも大丈夫でしょう。でも、必要最低限の情報は聞いておきたいところです。何か一大事が起こってからいろいろ言われたのでは、ちょっと後手になってしまいますね。

「いつも良くしてもらって感謝しています。でも、私は結構な心配性なので、うまくいっていることでもいいので、時々学校での様子を教えていただけるとありがたいです。子どもに加えて親までお手数をおかけしますが、よろしくお願いします」などと言っておきましょう。

反対に、何でもかんでも連絡が来る場合もあります。親としては「これくらいは学校で対応してほしいなあ」という細かいことまでも、いちいち電話が来る場合だってあります。学校からの電話が鳴るたびにドキドキして、ノイローゼに陥ってしまうお母さんもいます。

「いつも丁寧にご連絡をいただきありがとうございます。とっても信頼していますので、先生の思うようなやり方でご指導いただいて大丈夫です。うちの子に大きな問題が生じた時は、家庭でも対応を考えますので、ご連絡いただければそれで十分です」と言うのはどうでしょうか。

なんでこんなことまで連絡してくるんだろうという場合、実は先生も「これでいいんだろうか？」と心配になっていることが多いように感じます。「今の先生のやり方で大丈夫だと思っています」というような趣旨のお話をして、先生も安心させてあげてください。

細かい連絡が癖になっている先生の場合は「母親も心配性で、連絡をいただくたびにドキドキしてしまうんです。もしお手数でなければ〝単なる報告〟なのか〝家でも対応をお願いします〟なのか、その辺りを区別してご連絡いただけると助かります」と言ってみましょう。

親御さんも曖昧な状況判断が難しくて、連絡の一つ一つを「家庭でなんとかしなさいって言うこと⁉」とモロに受け止めてしま場合もあるのです。僕からも学校の先生に「報告なのかお願いなのか、区別して連絡してもらえるとありがたいです」とお伝えすることがあります。

学校での対応に疑問がある場合はどうしたら良いでしょう？　まずは素直に質問したり、対応の改善をお願いしたりしましょう。

必要な支援が行われない場合によく聞かれるのは「お子さんはちゃんとやっていますから、大丈夫ですよ。それにもっとできない子どももいますし」です。でも、他人との比較は必要ありません。必要な支援が行われない時はお願いを続けましょう。親は黙っていてはいけません。

「一人一人特別扱いはしません」というのも特別支援教育の理念を理解していません。〃一人一人の教育的ニーズ〃に合わせた指導がその本質だからです。「通常級では支援ができません」も間違いです。先生も大変かもしませんが、子どもはもっと大変です。

先生の言うことは正しいと思いがちですが、そうではないこともあります。

いじめの放置や学級崩壊、時には先生からのハラスメントもあって、とても残念です。

困った時は、担任以外への相談です。学年主任、特別支援教育コーディネーター、教頭や副校長や校長などの学校管理職です。昔みたいに、「子どもは人質だから、文句を言ったら大変」ということはありません。困っていることはちゃんと伝えましょう。

特別支援教育コーディネーターは、発達支援のために校内環境を調整し、家族と相談したり、外部の専門機関との連携を行ったりする教員です。基本的にはどの学校にも配置されていますが、対外的に公表されていない場合も多いです。誰がそうなのか担任に聞いてみましょう。

地域によりますが、スクールカウンセラーやスクールソーシャルワーカーも活用しましょう。事態が深刻で、学校だけで対応しきれないような場合は、教育委員会への相談です。その際は、事件についてちゃんと記録を残しておくこと、できれば他の保護者とも連携することが大切です。

7　中学校で注意したいこと

中学の準備は、小学五年生くらいからで良いと思います。六年生になって、一から準備するのだと、少しバタバタしてしまうようにも思います。無論、子どもの準備というより親の準備です。まず、どんな選択肢があるのかについて、情報収集をします。六年生になったら、通いそうな中学の見学に行ってみます。学籍を変更する（通常級から支援級、あるいはその反対）場合は、教育委員会での相談を開始します。こういった相談の入り口は、基本的には六年生の担任です。でも種々の事情から、保護者が直接、進学先の中学と連絡をとることが必要な場合もあります。

中学生活で気をつけたいことはいろいろあります。まず、通常級を選択した場合、授業が教科担任制になることです。小学校までは担任が中心になって授業が展開されますが、中学ではそうではありません。いろいろなタイプの先生の授業に慣れていく必要があります。

もちろん中学にも担任がいて、学校生活の核になります。通常級在籍でも配慮の必要な子どもの情報は、すべての教科担任に行き渡っていることが原則です。でも、現実は少し違うかもしれません。とにかく、小学校よりも関係する大人が格段に増えることは意識しておきたいことです。

気が早いようですが、高校進学を見据えておく必要もあります。高校は義務教育ではありませんが、実際はほとんどすべてのお子さんが進学します。

「中学で支援級だと高校に行けない」という誤解がありますが、正しくありません。

学校や地域によって状況はさまざまですが、支援級の在籍でも中間や期末の定期テストを受け、内申点をつけてもらえる場合があります。入学前に中学校と相談しましょう。

内申点が必要でない高校もあります。こういった高校は私立が中心です。学費の問題は考慮に入れなければなりませんが、支援級に行くと高校に行けないということはありません。無理して通常級に行って、強い不適応を起こす方が、よほど将来に禍根を残します。

中学時代は思春期と重なります。大人で発症する精神疾患が二次障害として出てくる時期でもあります。小学校以上に無理をさせないことが大事です。

勉強と人間関係が複雑になることは、小学校四年生以降と同じです。でも、中学ではより一層ハードルが高くなります。しかも、自分ができていないことや、周りと違っていることへの意識も芽生えてきます。失敗体験が自尊心に強い悪影響を及ぼす時期になってくるのです。ですから、失敗体験が積み重なるような状況に陥ることはくれぐれも避けたいものです。

そもそも、無理をさせようとしても、無理は利かなくなる年代です。キャパシティが限界を超えると、不登校になりがちです。遅まきながらでも、学習環境の再検討が必要です。

中学生の不登校率は四％程度で、結構な高率です。不登校の場合、一朝一夕でなるわけではなく、そこに至るまでは、実は長い経過があって、すぐには改善できないことがほとんどです。

成績が悪いとか友達が少ないとか、いろいろな問題があったとしても、ひとまず毎日登校できていればＯＫです。毎日登校できることは、かなりポイントが高いのです。

家庭的にも思春期は微妙な時期です。詳しくは次に述べますが、日常生活で困難なことが多い場合、まずは学校のストレスを減らしてあげましょう。この年代になると、家族関係に問題があっても根本的な改善は難しい。子どもも大人も、自分のスタイルが確立しているからです。

まず学校での学習のハードルを下げて、人間関係で困っている場合は、クラス替えなどでの配慮があると良いでしょう。少しでもキャパオーバーを改善してあげることが大事です。

学校での負担が減ると、家庭での問題行動が軽快していくことはしばしば経験します。

中学の三年間は長いようですが、実際はあっという間です。中一は慣れるのに精一杯です。でも比較的ゆとりのある〝頑張れる環境〟にいれば、子どももなんとかやっていけます。

中学二年生は中だるみの時期です。成績も下降しがちで、生活も崩れがちです。ここで家族や学校が踏ん張ることです。必要な支援や指導を継続して、時を待つという姿勢が大切です。

中学三年生になると少し自覚が出てきます。最上級生でもあり、学校にも慣れ、進学も視野に入ってきます。ここで持ち直してくると、高校まであと一歩です。

8　思春期で気をつけたいこと

医学的には「思春期は第二次性徴の発現の始まりから身体成長の終わりまで」と定義されます。実際は八歳から十八歳までの幅広い年代に及びます。

第二次性徴では、性ホルモンの分泌によって性器が成熟し、生殖が可能となっていきます。これは純然たる身体的な変化です。発達障害があっても、定型発達と大差ない年齢でくることがほとんどです。個人差はありますが、中学生が思春期真っ盛りであることはかわりません。

性的成熟とともに自立の入り口の時期でもあります。入り口なので、ある意味、中途半端です。自立は反抗という形態をとって現れます。態度がよそよそしくなります。言葉使いや行動も変わっていきます。いろいろなことが〝一筋縄ではいかない〟ようになっていきます。

対応の原則は是々非々でしょう。〝ダメはダメ・良いは良い〟を伝え続けることです。

ぶっきらぼうな態度に、こちらも思わず感情的になりがちです。できるだけ冷静を保ちつつ、時には感情的になってしまうのも仕方がないかもしれません。反抗期は一生続くわけではありません。もう少し成長すると、むやみやたらの反抗は影をひそめます。しばらくの辛抱です。どうしても注意する機会が多くなりますが、成長を感じる部分はちゃんと褒めましょう。褒めても嬉しそうな表情をしなくなるので、褒め甲斐がありませんが、そこはぐっと我慢です。親の気持ちはちゃんと伝わっていますが、本人は照れくさいのでぶっきらぼうのままなのです。

背伸びをして大人ぶった言動をやってみたくなる時期でもあります。法律的・社会的に容認されないこと、たとえば、万引きや窃盗や暴力やいじめや飲酒や喫煙などは、しっかりダメ出しをしましょう。繰り返される場合は警察への相談もアリです。案外と親身に相談にのってくれます。門限破り、夜更かし、徹夜、遠出など、法律に抵触しない〝背伸び〟をどうするかは、悩ましいところです。それぞれの家族でルールがあると思いますが、ルール破りがこの年代の信条です。あまりに甘やかすのはお勧めできませんが、子ども時分と同じルールなのもどうかと思います。もう少ししたら成人して、自分のことは自分でコントロールしなくてはならない、自己責任の年代になっていきます。その練習をこの時期にしておくことは良いと思います。

子どもと相談をし、許容できる枠を設定した上で、活動範囲を広げてあげます。子どもだけで遊園地に行きたいなどの場合も、厳密にやるならば、事前に計画書を提出させ、途中で連絡を入れ、遅めでも良いから日が変わらないうちに帰宅させる、などを約束したいものです。

もう一つ大事なことは〝うちはうち〟です。毅然とした態度、ぶれない態度が必要です。

約束を破った時のペナルティも決めておきましょう。社会人になると、ルールを破ると自動的にペナルティが課されます。無断遅刻は減給だったりしますね。それを今から練習です。

こういったことは、発達障害があっても同じです。

だた、発達の特性や遅れに見合ったハードル設定や、条件設定をしておくことが必要です。

たとえばＡＤＨＤがある場合、ブレーキが効きにくいので、窃盗や万引きは起こりうることです。家庭でも親の財布がその辺に放置されていると、お金を抜き取りたくなります。〝家族だから大丈夫だろう〟とは思わずに、現金は鍵のかかる引き出しに入れます。万引きの場合は、ＡＤＨＤだからと言って大目に見る必要はありません。場合によっては警察に通報してもらいます。

ゲームやネットは中毒性が強く、ブレーキ機能の発達が遅い場合は大人からのブレーキが必要です。依存症に陥ってしまうと脱出するのは困難です。専門機関もまだ大人中心のものばかりです。

性的な事柄をどう伝えていくかも悩ましいところです。定型発達の場合は、親や大人ではなく、友達同士での情報交流から、性的な事柄を学んでいきます。

発達障害があって、友達同士では難しい場合、あるいはちょっと危ない匂いがする場合は大人の出番です。もちろん同性が望ましいです。

発達障害の性的逸脱が定型発達より多いという報告はありません。でも、距離感がわからずハラスメントになってしまう場合もあります。もう少し年齢が上がると望まない妊娠の問題も出てきます。家庭だけでの解決は限界がありますので、困ったら学校や支援者にＳＯＳを出しましょう。

9　中学卒業後の進路について

ここまで、特別支援学校のお話はあまりしてきませんでした。支援学校は小学部、中学部、高等部が揃っている所も多くあります。基本的にはその枠の中で進んでいけば良いと思います。

ここでは、そうでないお子さんの中学以降の進路について、考えてみたいと思います。

特性が薄くて、中学まで何とか通常級でやってきた場合は、成績に応じた高校進学で良いと思います。〝ギフテッド〟と呼ばれる、成績は抜群に良いお子さんの場合は、早ければ中学から、遅くとも高校に入る時は、成績の良さが評価される学校に進むのが良いでしょう。

ギフテッドに限りませんが、〝似た者同士〟が多い環境では、居心地がかなり改善されます。

通常級で中学に進学したけれども、いろいろ大変で登校も安定しなかった、成績も赤点付近をさまよっていた、という場合の進路選択が一番悩ましいところです。

中学まで支援級で、生活は安定している、でも一般高校に受験で入るのは難しい、かといって支援学校の高等部に入る程ではない、という場合にも、似たような悩みがあります。

公立高校の選択肢は住んでいる自治体によります。東京都ではチャレンジスクール、エンカレッジスクール、トライネットスクール、大阪府や神奈川県ではクリエイティブスクール、埼玉県ではパレットスクールと呼ばれるような、さまざまなニーズに対応するための高校があります。

これも地域にもよりますが、定時制高校（夜間高校）なども選択肢になると思います。

公立高校での留意点は、単位取得や進級判定が厳格な学校が多いことです。地域にもよりますが、僕の勤務しているエリアでは、高校以降は私立のほうが柔軟に対応してくれる印象です。

いわゆるサポート校も選択肢になります。「高等学校通信教育を受けている生徒や、高校に行かずに高等学校卒業程度認定試験合格を目指す生徒に、学習に対する支援などを行う教育施設」と定義されます。サポート校は年々増えています。それだけニーズがあるということです。

これも住んでいるエリアによって濃淡があります。実際の高校と同じようなところから、通信制で在宅学習がメインのところまで、多種多様です。ネットで検索するとさまざまなサポート校がヒットします。資料請求をしたり説明会に足を運んだりしましょう。

数に限りはありますが専門学校もアリです。義務教育が終了すると、幅広い学習という選択肢だけでなく、専門分野に集中する選択肢も出てきます。僕の勤務している自治体にも調理製菓専門学校があり、高卒資格と調理師資格を同時に取れるようになっています。学費のハードルがありますが、でもその道に進みたい意欲があるお子さんにとっては、良い選択肢だと思います。

中学を選ぶ時もそうですが、高校ではもっと、本人のモチベーションが大事になってきます。モチベーションが低い場合は、義務教育ではありませんので、長続きしません。でもサポート校の中には、実際の登校が難しければ通信制に切り替えてくれる柔軟な学校もあります。

モチベーションが続くかどうか微妙な場合は、途中で軌道修正ができるか、うまくいかない場合の救済策があるかどうか、事前に調べておく必要があります。いろいろな手段をとってでも進級・卒業させてくれる方針の学校かどうか、見極める必要があります。

卒後を見据えた進路選択も忘れてはならないことです。

特別支援学校の場合は、一般就労、福祉就労、生活介護施設・就労継続支援施設・地域活動支援センターなど多種多様な進路があり、進路指導にはひときわ力を入れています。

そうでない場合は、学校によりさまざまです。自分で就職先や進学先を探さなくてはならない学校と、進路指導に熱心な学校にわかれます。高校説明会では必ず確認しておきましょう。

サポート校の中には、母体となっている学校法人がさまざまな専門学校を持っていたり、就労支援施設を運営していたりするところもあり、最近では、大学があるところすらあります。中卒就職はほとんど考えないほうが良いでしょう。厚労省の公式発表でも、中卒就職内定者はこの数年五百人内外です。全国でこの数値ですので、ちょっと厳しいと言わざるをえません。

ここまで述べてきた進路相談は、本人と家族で相談をしつつ、中学の担任や進路指導の先生とも相談しながら行っていくことが理想だと思います。

10　高校などで注意したいこと

その子に見合った高校などに入学できると、基本的には一安心のことが多いと感じています。中学までと違って、指導の幅も広がります。専門的なことを追求できる機会も増えます。就職を目指した実習や体験などもできます。一方で、高校でドロップアウトしてしまうと、なかなか先行きが厳しくなります。是非とも自分にあった選択をしてほしいと思います。

一概には言えませんが、高校でもっとも大事なことは自立・自律だと思います。学習面と生活面の両方です。それぞれに見合ったやり方で、社会人になっていく準備をすると良いと思います。もちろん、学習面で可能なのであれば大学への進学、手に職をつけたい場合は専門学校への進学も視野に入ってくるでしょう。

高卒後の就労や社会参加を目指している場合は、自分でできることは自分でするという練習を重ねていく必要があります。いわゆる福祉就労などを考える場合は、手帳が必要になります。支援者がいる場合は支援者に、いない場合はお住いの地域の役所に相談してみてください。

少し脱線しますが、厚労省の統計を眺めると、令和元年度の高校新卒者の就職状況は、求人数約四八万四千人、求職者数約一六万八千人、求人倍率二・八九倍、就職内定者数約十六万七千人、就職内定率九九・三％。つまり数字で見る限り、高卒での就職状況は悪くないようです。

ついでに、令和元年度の大学・短大進学率は五八・一％だそうです（文科省）。もちろん、障害の有無は問いません。障害での統計は見当たりませんでした。ご存知でしたらご教示ください。

さて、話を戻しますが、自立・自律とは何をすれば良いのでしょうか？

これもその人の障害の程度によります。身の回りのことを自分でできるようにすることが目標の人もいるでしょう。社会生活を営む準備をすべき人もいるでしょう。一人で電車やバスに乗る、買い物をする、病院に行く、役所で手続きをする、書類を書くなどなど、われわれが日常自分でやっていることで、できそうなことは大人が見守りながら自分でできるようにさせていきましょう。

もちろん、高校に入ってからではなく、小さいうちから自立への道筋を積んでおく必要があります。でも、いよいよ社会人が目の前になってきた今こそ、その総仕上げの時期です。

場合によっては、一人暮らしの準備も必要かもしれません。一人暮らしではやることが多く、障害がある場合はハードルが高いかもしれません。でも可能であれば、いつか親元を離れることを想定しておくのはアリでしょう。もちろん、これもいきなりではなく徐々に練習です。

余暇活動の練習も必要かもしれません。大人になると仕事、生活、遊びの三本柱となりますが、遊びが案外難しいかもしれません。今時は暇さえあればネットやスマホ、動画やゲームという遊びがあります。もちろん、それでも良いのですが、それだけだと物足りないように思います。何より、こういった電子メディアは引きつける力が麻薬のように大きく、依存と紙一重です。

なので〝リア充〟なんていうように、現実生活での楽しみも確保できると良いと思います。

これも人それぞれです。障害の有無は問いません。人との関わりある余暇活動があると、楽しみは倍増します。もちろん、人付き合いが苦手な場合は一人でコツコツでも良いでしょう。基本的には自分の興味の赴くままの余暇活動が良いと思います。

僕がこれまで関わってきた人では、鉄道関係諸々、路線バスを乗りまくる。お城巡り、ラーメン店巡り、折り紙、絵画、漫画、ウクレレ、バンド、各種スポーツ、ＰＣ自作、バイクなんていうのがありました。それぞれが楽しい活動を見つけられると良いと思います。

医療機関にかかっている場合、特にお薬をのんでいる場合は、小児科からの移行を検討する時期です。いつまでも小児科でも良いのですが、できれば大人の診療科にバトンタッチです。

薬の処方はないけれども、手帳を持っているような場合には、先々の障害年金診断書のことなども考えなくてはいけません。まずは現在かかっている主治医がいればそこに相談しましょう。主治医がいない場合、あるいは、主治医でもよくわからない場合は、やはりお住いの役所に聞いてみましょう。余談ですが、役所は縦割りなので、該当するセクションにつながるまでには、少し時間がかかるかもしれませんが、めげずに頑張ってください。

11　大学や専門学校で注意したいこと

障害があっても大学への進学ができるようになってきました。

もちろん、大学はいわゆる高等教育機関ですから、ある程度の学力がないと入学はできません。入学してからも、学習がメインとなります。現在は推薦やＡＯ入試もありますが、受験勉強も必要です。知的にそれほど高くなく、大学での学習についていけるような学力が乏しいような場合は、選択肢にならないと思います。

もっとも、大学と言っても専門技術の習得を目指す場合や、専門学校も含めて自分の適性に応じた狭い分野を追求する場合は少し話が別です。この場合は、万遍ない幅広い学力ではなく該当する分野についての能力があれば、選択肢になると思います。

大学でまずハードルになるのは、必要な授業を自分で選択して、自分でカリキュラムを作らなくてはならないことでしょう。高校までと違って、決まった履修過程があるわけではなく、分厚いマニュアルなどを見ながら、自分で履修過程を作り上げていかねばなりません。友達がいれば聞けるかもしれませんが、現実はなかなか難しいかも知れません。

最近は、大学でも発達障害の学生支援に力を入れているところが増えてきました。大学を選ぶ際には、そういった支援がどれくらい充実しているか、しっかりと調べておくことが大切です。

学生相談室を中心に、履修選択も含め、大学生活のサポートを丁寧に行っている大学もあります。担当の職員をつけてくれるところもあります。支援が有料の場合もありますが、こう言った学生支援や学生相談の制度は、有効活用したいと思います。

友達関係もハードルが上がるかもしれません。高校までと違って、クラスのない大学も少なくありません。授業ごとに必要な学生が三三五五集まっていくスタイルです。なので、大学での友人はサークルを中心に構成されるのが主でしょう。何か没頭できる趣味があって、サークル活動に溶け込める場合は良いのですが、そうでない場合は友達を作る機会が減るかもしれません。

もっとも、人付き合いは不得意で、一人でいることが苦痛ではなく、むしろ一人の方が良い場合は無理に友達を作る必要はないと思います。〝ぼっち〟なんて言われますが、〝ぼっち〟大いに賛成です。〝一人で居られる能力〟なんて言って、褒められることもあるくらいです。

学業に余裕があればバイトに精を出すのも良いでしょう。バイトは高校以降の選択肢だと思いますが、社会勉強の絶好の練習場面になります。

身も蓋もない言い方ですが、バイトなら失敗しても大丈夫かもしれません。うまくいかないのは、仕事の内容が合わない場合と、職場の人間関係にやられてしまう場合があります。深く考えて落ち込まずに、うまくいかなったらそこから学べば良いのです。

バイトを通じて職業の適性が明らかになる場合もあります。コンビニのバイトなんて、僕から見れば複雑怪奇ですが、見事にこなして、そのままコンビニに就職した人もいました。

大学によっては、後半は特定のゼミに所属して、そこで卒業制作や卒業論文を仕上げる場合もあります。この場合は、ゼミ生活がほとんどになります。

そうなると、ゼミの選択が大切です。内容で選択するだけではなく、指導体制やゼミの雰囲気のリサーチも欠かせません。ゼミは、ある意味、閉鎖社会ですので、うまくいかないと厄介です。

ここまで書いてきて、ほとんど本人へのアドバイスのような内容だと思いました。

そう、大学では親の出番は少ないですし、少ないのが理想です。単位取得がちゃんと進んでいれば、親は見守り中心でよく、それが望ましいのです。困った時に助け舟を出せば十分です。

下宿している場合も同様です。自立とは言え、さすがに時々部屋の様子を見に行くことはあっても良いと思います。いわゆるゴミ屋敷になっていると、あとから厄介かもしれませんから……

ここまで述べた内容は、専門学校でも基本的に同様です。ただ、僕の印象かもしれませんが、大学よりは学生の面倒見が良くない学校もありますので、そこだけは注意が必要でしょう。

就職にまつわることについては、次で述べます。

なお、専門知識の習得が進み、経済的な問題もなければ大学院への進学も選択肢に入ると思います。その道一筋の研究活動で、もしかしたらノーベル賞を取る研究者になるかもしれませんね。

12　就労にあたって気をつけたいこと

障害があって就労を検討する場合、それまで在籍していた学校や、自治体に設置されている就労支援・援助センターなどに就労支援の専門家がいますから、詳しくはそちらでの相談がよいのですが、僕の立場で気がついたことをお話ししていきたいと思います。

就労支援・援助センターは、基本的には障害のある人の就労をサポートする場所です。成人になると、障害のあるなしは自己申告では難しく、手帳を持っていることが必要です。

手帳にも幾つかの種類があります。知的な遅れがある場合は療育手帳（東京都などでは愛の手帳）、身体障害の場合は身体障害者手帳、精神障害の場合は精神障害者保健福祉手帳となります。それぞれ、医師による判定や診断書が必要になります。

発達障害者手帳はありません。発達障害だけで知的障害がない場合は、精神障害者保健福祉手帳でカバーしています。いろいろ言い出すとキリがないのですが、制度上はそうなっています。

知的障害のない発達障害の人が就労支援・援助センターを利用したり、障害者雇用枠での就労を希望したりするような場合は、精神障害者保健福祉手帳を持っている必要があります。一般的には精神科クリニックなどで対応可能なところを受診し、診断書を作ってもらいます。精神障害者保健福祉手帳の診断書の発行には、初診から六カ月以上経過していることが必要です。

就労支援・援助センターの中には、手帳がなくても相談に乗ってくれる場合もあります。それぞれの自治体のセンターに問い合わせをしてみましょう。

就労には、普通就労と障害就労があります。

普通就労は、定型発達と同じ枠組みでの就労です。ハンデに対する配慮などのメッリトはない代わり、本人に意欲と能力があれば、スキルアップやキャリアアップが可能です。

障害就労は、事業主や自治体などが、障害のある人だけの特別な雇用枠「障害者雇用枠」で障害のある人を雇用することです。障害者雇用の対象となるのは原則として、障害者手帳を持っている人です。従来は身体障害のある人と知的障害のある人に限られていましたが、二〇一八年より精神疾患のある人も対象に加わりました。

障害就労は、いろいろな意味で守られています。社会に出ることを第一の目標にするのであれば、是非とも活用したい制度です。

もう少し重度の場合は、就労移行支援と就労継続支援の制度があります。

就労移行支援は、一般企業への就職を目指す障害のある方を対象に、就労移行支援事業所などにおいて、就職に必要な知識やスキル向上のためのサポートをおこなう制度です。職業訓練のようなイメージに近いと思っています。

就労継続支援は、一般企業への就職が困難な方に対して、働く機会を提供する福祉サービスです。対象者や支援内容により就労継続支援A型（雇用型）と就労継続支援B型（非雇用型）の二つの枠組みがあります。

どの制度を用いるにしても、高校や支援学校の進路指導の先生への相談がスタートになります。学校選択のところでもお話ししましたが、就労先を選ぶ際も、マッチングが何よりも大事です。見学や説明会、実習など、あらゆる機会を利用して、就労希望先の体験を積みましょう。先方もこちらとのマッチングに気を使っています。相思相愛の就労ができることが理想です。

ここでも、無理をして就労しても先が続きません。急がば回れで、良いご縁がなければ就労支援を使いながら、自分にあった就職先をじっくりと探していきましょう。

少し余談ですが、好きなことが仕事になるのが良い、という意見もあります。

特に小さいうちは、好きなことを仕事にしたいという夢を抱きます。こう言った夢は大事です。
でも、仕事になると好き嫌いは言っていられません。大学オケの指揮者だった三石精一先生は
「好きなことは仕事にはしてはいけません。音楽は趣味にしておきましょう」と仰っていました。
どうしてもこれでなくてはダメということでなければ、一番好きなことは趣味にとっておいて、
仕事はまあまあ好きなこと、あるいは自分でもできることを選ぶのが無難でしょう。

13　大人になってから気をつけたいこと

大人になったらどんなことに注意をしていったら良いでしょうか?

「発達障害＝発達特性＋不適応」です。なので、特性と生活環境とのマッチングが大切です。

さらに、それまで培ってきた生活のリズムを崩さないことが大切です。ライフスタイルとでも言えましょう。マッチングが良い場合は特に、朝起きてから寝るまでのリズムや一週間でのリズムは、基本的には本人にとって居心地の良い一定なものにキープしておくことをお勧めします。

リズムが定まっていない場合は、大人になってからの早い段階で、社会生活に合わせたパターンを決めていけると良いでしょう。平日や休日の過ごし方もそれぞれ決めておきましょう。

障害が重くない場合は、普段の生活では障害のあることを意識しないで済んでいるでしょう。こう言った〝特性レベル〟で済んでいる場合は、ぜひ、その状態をキープするために、居心地の良いライフスタイルを継続しましょう。反対に、適応が崩れて、スランプや不適応になりそうな場合は、これまで培ってきた自分や家族なりの工夫や対応をもう一度思い出してみましょう。

企業に就労した場合、障害雇用であれば就労後も一定の配慮があるでしょう。普段から職場の担当者や上司とのコミュニケーションも絶やさないようにしましょう。

トラブルが発生した時のSOSの出し方も、普段から聞いておくことが大事です。うまくいっている場合はSOSを意識しませんが、いざ困った時になってからSOSを出すのは、余裕がなくて難しいと思うからです。

困った時の相談先を探しておくことは、一般就労した場合にも大切です。障害があることを伝えている場合はまだしも、それを伝えないで就労した場合は特に、困った時にどうしたら良いかとか、SOSの発出先などを確認しておくことが大事です。あらかじめ上司に聞いておければ良いと思いますが、難しければ職場の信頼できそうな同僚に聞いてみましょう。

就職した後にさまざまな理由で休職してしまう場合があります。自分が就職した職場でそういった社員が出た場合は、SOSをどうやって出したのか、その時の会社の対応はどうだったのか、さりげなく観察しておくと、万が一自分がそうなった時の参考になるかもしれません。

困った時の相談先としては、人事担当者や産業医が思いつきます。最近は、産業医の相談のかなりが、発達障害がらみだという話も聞きます。産業カウンセラーのいる会社も増えてきました。

　利害関係のある会社の人間に相談するのは心配かもしれません。でも、障害だからといって無碍に切り捨てるのではなく、その人の持っている優れた資質を生かしたいと思っている会社組織も、少しずつですが増えてきているように聞いています。

　一方で、旧態依然とした体育会系の組織もあるでしょう。本当は、入社前に社風をリサーチし、うまくいかなかった時のサポート体制を聞いておけると良いのですが、まだまだ難しそうです。

　最初はうまくいっていたものの、異動したり、転勤したり、昇進したりしてから、自分の特性と職場や勤務内容のマッチングが悪くなることもあります。

　知的にはとても優秀で、業績も優秀で、順次昇進して管理職になった。そのとたん、適応障害やうつ病を発症するというような事例もあります。管理業務は総合的・俯瞰的視点が不可欠ですから、発達特性のある人にはハードルが高いのです。自らの得手不得手をしっかり自覚しておいて、はじめからそう言ったマネージメント業を希望しないのも一つだと思います。

　どうしてもその会社の体質や業務内容と合わない場合は、思い切ってリセットするのもありでしょう。無理をして傷口を広げないことです。ＳＯＳを出したりしても、あるいはそれすらも難しい場合は、早めの路線変更も考えます。学生時代以上にマッチングが大切。適材適所なのです。

就職が軌道に乗って、ある程度のお給料が貰える場合は、その使い方にも注意しましょう。世間一般的には自分の口座を作ったり、一定金額を貯金に回したり、あるいは、初任給では両親にプレゼントしたりするのだと思います。

でも、こう言った未経験のことを、自分だけで考えてやるのは大変かもしれません。ゲームやネットや買い物などで、思わぬ額の課金になってしまったり、時には詐欺に巻き込まれたりすることもあります。やはり大人のアドバイスや、さりげない見守りは不可欠かも知れません。

14　独立する場合や結婚の話が出た場合

発達障害のお子さんのライフステージに沿っていろいろなお話をしてきました。

年齢が上がれば上がるほど〝場合分け〟が増えます。僕のお話がそれぞれのお子さんに見合った内容になっているかは心もとなく、この項目も同じなのですが、あと少しお付き合いください。

大人になっても医療にかかっている発達障害の方は、重度とは言いませんが、それなりの訳があります。なので、僕のお話にもバイアスがかかっています。

たとえば、僕がずっと診ている患者さんで、独立したとか結婚したという話を聞いた記憶はほとんどありません。そういう人は、途中で医療から離れていけるのだと思います。

さて、独立する場合、まずは実家を出ての一人暮らしを考えます。

一人暮らしは楽しいけれども、いろいろと大変です。自分で自分を律することができないと難しいかもしれません。でも、いつかは家族とは別に暮らすことになるのです。

障害が重い場合は、グループホームや施設入所が視野に入ってきます。

どっちにしてもいつかは家族と離れる時が来ます。

実は親離れよりも、子離れの方が難しいように見えます。子どもの方がドライで、サクッと親離れをしがちですが、障害があるとなおさら、親の側での子離れが難しくなるようです。

ひときわ大変だった子育てが終わると、相当に気が抜けてしまうと伺ったこともあります。

保護者の方には、子離れの後に打ち込めることを見つけておくことをお勧めします。

本人が一人暮らしをする場合、できれば学生時代から練習をしておくと良いでしょう。たとえば、練習の一環として〝家庭内一人暮らし〟ができると良いのですが、同居しているとどうしても干渉したり甘えてしまったりしてうまくいかないかも知れません。

金銭的なゆとりがあれば、家の近くの〝スープの冷めない距離〟のアパートで、一人暮らしの練習ができると良いでしょう。家事全般を一人でこなすのは大変です。最初はサポートがあると安心でしょう。それで大丈夫ならば、少しずつ物理的・心理的距離を取っていけば良いでしょう。

次は結婚です。そもそも異性との交流なんて、親としてみればとてもハラハラするようです。

最初のおつきあいがたいていは上手くいかないのは、定型発達でも同じです。発達障害があっても、経験を積んで場数を踏むことで成長・発達していくことは十分に可能です。

ＳＮＳのやり取りからリアルな交流が始まることもあります。ネットからの付き合いなんてドキドキするかもしれませんが、危険の匂いが強くなれければ、信じて見守るのが良いと思います。

結婚の話が出た時の段取りは、基本的には世の習い通りで良いと思います。問題は、発達障害があることを伝えるか否か、伝えるとしたらいつどのタイミングで伝えるかです。

もう、ここまでくると本人に任せるしかありません。程度が軽くて、本人にも障害告知をしないで済んできた場合は、今さら、相手にまで伝える必要はないと思います。

本人が知っている場合は本人と相談でしょう。案外と、おつきあいの過程ですでに伝えられている場合もありそうです。障害がきっかけで出会うことも少なくありません。とにかく、お互いが相手の特性を理解して、心暖まる家庭を作り上げていければそれに越したことはありません。

二次障害などがあって、医療機関で薬物療法が継続している場合もあります。この時は、結婚してから隠しきることは難しいので、事前にきちんと伝えておくのが良いと思います。

お薬を飲んでいる場合は、妊娠の問題もあります。女性の場合、薬によっては、赤ちゃんに奇形などの問題が生じることもあります。主治医と相談してしっかり聞いておくことが大事です。

僕の場合、そう言った年齢になる頃にこちらから伝えるようにします。「この薬はお腹の赤ちゃんに影響が出ることもあるので、赤ちゃんを作る時には、できればその前に教えてね」などと言います。

重たい場合は成年後見制度も視野に入ります。「認知症や知的障害等の精神上の疾患により判断能力が著しく低下した方の財産を保護するために、家庭裁判所から選任されて、ご本人の財産保護や身上監護を行う者を選定する制度」です。成年後見人が決まると、ご本人の財産は家庭裁判所の監督のもと、成年後見人が管理することになります。まずは行政への相談でしょうか。

第六章　障害受容について

1　「障害」をどう受け止めるか

子どもに発達障害があるとわかった時の衝撃はどんなにか、と思います。受け止めきれずに苦心惨憺しているご家族も少なくありません。本当のところは想像するしかありません。

障害を無理に急いで受け止める必要はないけれども、発達が少しでもよくなるような工夫は、みんなで一緒に考えていけると良いなあ、と思っています。

一方で、障害を受け入れないと発達支援が受けられない、ということにはなってほしくないとも思います。制度上では、障害名がないとサービスが受けられない場合もあり、なかなか悩ましいところです。

発達障害を目一杯に広げると、十人に一人の割合になりかねない現状です。毎日の生活に困っているから、というだけの自己申告に近い形で進めていくのは、福祉の資源的にも財政的にも難しい。なので、どうしても何らかの線引きが必要で、障害名とか障害者手帳の有無が必要になってくるのです。

繰り返しになりますが、僕の考える発達障害は「生まれつきの発達上の特性や凸凹や得手不得手によって、毎日の生活で何らかの困り感が出ている状態」です。

でも、よく考えると、人間誰だって生まれついた性格や体質や資質によって、うまくいかないことがあります。極論をすれば、人間はみんな発達障害、あるいは、発達障害に通じるような部分を持ちながら、何とか毎日をやり過ごしているわけです。

何とかやり過ごして、毎日を穏やかに暮らすためには、工夫が必要です。

その工夫が自分だけでは何ともしようがない場合に、支援が必要になってきます。

ここで〝自分だけでどうしようもない〟というのは、持って生まれた凸凹が強い場合や、自分とその周りの社会環境とのマッチングがうまくいかない場合です。

身体障害の度合いが強くて自力での移動が不可能、あるいは、知的障害が強くて意思疎通がかなり難しい場合などでは、本人や家族だけでの努力だけでは日常生活をスムーズに送るのは難しいと思います。バリアフリーが普及したとは言え、重度の難聴や視覚障害などでも状況は同じかも知れません。

環境が悪くて、個人や特性との間に大きな齟齬が生じた場合も、サポートが必要です。

極端な例かもしれませんが、コロナ禍では、個人には何にも変化がないのに、新型ウイルスの蔓延という社会情勢から、日常生活に大きな支障が生じています。小児科医の熊谷晋一郎さんは「コロナ禍では人類全員が不自由な毎日を過ごす〝総障害者化〟が発生している」と言っています。

発達障害の場合では、障害という表現には抵抗はある、でも、困っている毎日をなんとかしたい、そのためのラベルとして「障害」という言葉を使うしかない、というのが現状かもしれません。

先日の外来でも、あるお父様から「最近では何でもかんでも発達障害にしてしまう。俺だって子どもの頃はうちの息子みたいだったけど、今は大丈夫だし」と言われ、お母様は困っていました。

僕からはこんな返しをしてみました。まず、障害とレッテルを貼って除外したり疎外したりするのではなく、ささやかなことでもサポートがあることでお子さんの毎日がスムーズになって、発達も少しずつ進んでいく。そのためには何らかのネーミングがあった方が良い。なので、それで診断をつけている。また、診断名があることで「しつけが悪い」「母親の育て方が悪い」「子どものわがままだ」というような、間違ったレッテルを貼られることも防げる。さらに、園や学校などでのサポートにも理解を得やすい、残念ながら昔と違って今は診断名がないと園や学校もなかなか動いてくれない現状がある。というようなことをお伝えしました。伝わっていると良いのですが……

とにかく、お子さんがよりスムーズな毎日を送っていただくための手掛かりとして、診断名を活用していただければ良いと思います。

たとえば、耳ふさぎはみっともないからやめさせたいではなく、自閉スペクトラム症には感覚過敏という症状があって、自分なりに音を遮断するためにやっている行為である、という理解をして欲しいのです。偏食、多動、ぼんやり、不器用など、症状のすべてを症状として理解して欲しい、そのための手掛かりやタグとして、診断名を使って欲しいのです。

でも、障害というネーミングや、そんな状態はどうしても抵抗があって受け入れがたい、というのも無理はありません。そのことについては、次に考えてみたいと思います。

2　ぐるぐる悩んでしまって苦しい

これはもう当然の状況です。

今でこそ、発達障害の概念が普及し、診断がつく前に家族でいろいろと工夫を凝らした対応をして、それから相談にいらっしゃるようなご家族も増えてきました。そういう場合は、診断名も概ね想定されていて、診断をお伝えすると、むしろホッとしたような表情を示すこともあります。

あるお母さんは「こんなに大変な子育てをしてきて、万が一発達障害でなければ、私の育て方の問題ってことになるから、診断がつかないと困っちゃう」と仰っていました。診断はつきました。

反対に、何でも発達障害のせいにしたがるご家族も出てきました。確かに、お子さんにもちょっとした特性はある、でも今の基準で考えると、発達障害というほどの状態ではない。むしろ、ご家族の方に特性が色濃く、もう少し柔軟な子育てを工夫していただくと、生活上の困難さが減るのに、親御さんは「発達障害だから治してほしい」の一点張り、なんていうケースもあります。

こう言ったケースはやや極端ですが、たいていのご家族は「わかっちゃいるけど、うちの子の障害を認めるには時間がかかる……」というのが正直な心境のように見て取れます。

あるお母さんはこんなことを仰っていました。「子どもが発達障害であるって認めることは、普通の子育てを諦めるってことだから、容易なことではないんですよ」

このお子さんは比較的重度なケースだったので、家族の葛藤も無理もないという気がしました。

前著にも記しましたが、このお母さんは「私が子どもの障害を受け入れたのは、子どもが社会人になった時。重くて普通の会社勤めはできないので、それで『ああ、うちの子やっぱり障害者なんだ』って思ったの。それまではどうしても諦めきれなかった」なんて仰っていました。

もう黙って傾聴するしかありません。

別のお母さんは「いろいろあって大変なんだけど、でも一緒にお菓子作りをしたり、一緒に鬼滅のキャラクターグッズを見つけて喜んだり、ささやかな楽しみもある。そんな時は、障害ってことを忘れている」なんて仰っていました。そう、四六時中が障害ということでもないのでしょう。

前に「無理して障害ってことを受け止めなくてもいいのではないか」と書きました。これも人それぞれだと思います。要は子どもがもう少しスムーズに毎日を過ごせるようになる、そのために親がどういう心構えでいるのが良いか、そこから逆算して考えてもらえれば良いと思います。

　僕の外来では、診断名がつく場合は、ご家族全員にそれをお伝えしています。でも、事前に診断名を聞きたくないというご意向も伺っています。その場合はできるだけ尊重するようにします。あるお母さんは「診断名を聞いてしまうと、気持ちの糸が切れてしまって、子育てへの前向きな意欲がなくなってしまいそうなので、今は聞きたくありません。でも、療育は受けたいです」と仰っていました。

　心の準備が整わないうちに「障害」という現実に向き合うのは辛いし、デメリットの方が大きくなる場合もあります。それぞれの心情に合わせて、少しずつ向き合うので良いと思っています。それでも、時々僕が勇み足をして、親御さんを辛い状況に追い込んでしまうことあります。申し訳ない、という言葉では到底足りないのですが、そうとしか言いようがありません。

　ぐるぐると悩みながら、でもサポートは受け、子どもも少しずつ成長・発達していく。それによって家族も手応えを感じていき、支援者も少しだけお裾分けをもらう。

　でも、人生のステージが変わるごとに、ちょっとした壁にぶつかって、「ああ、またか……」なんて落ち込みながらも、みんなで新しい工夫を模索していく。

　はたから見ている支援者の想像でしかありませんが、そんなふうにぐるぐるしながら、親も子ども成長・発達をしていくのだと思います。

なので、程度によりますが、ぐるぐるはある意味、必要不可欠で避けられないのだと思います。時には、ぐるぐるしすぎて心を病んでしまう場合もあります。自分に合った程度のぐるぐるがベターです。いろいろ考えるとノイローゼになるので、あまり考えないようにしている、というのもＯＫです。

どうしてもぐるぐるしてしまう性分で、それが止められずに心身が不調になる場合は、メンタルクリニックの門を叩くのだってＯＫだと思います。

3　どうしても認められない

これも無理はありません。

認めて受け入れてしまわなければならないのは百も承知だけれども、どうしても納得が行かない。そもそも、ちょっと診ただけで発達障害だなんて、誤診ではないか？　別の専門家の意見を聞いてみたい。もちろんＯＫです。今ではセカンドオピニオンという考えが当然のようにあります。いろいろな意見を聞いてみるのは良いと思います。ただ、万が一全然違う意見を聞いた時に、混乱するかもしれません。あるいは全く同じ意見だったら、より一層、落ち込むかもしれません。なので、セカンドオピニオンでも、心の準備や覚悟は必要です。「なんでもない」と言って欲しいのか、耳障りでも正確な診断が欲しいのか、もう一度、自分を振り返ってみましょう。

支援者としては、耳当たりが良いだけで発達の役に立たない見解を言われてしまうのが心配です。58頁で述べたような、方外な価格の民間療法を勧められるのも心配です。より良い発達支援の機会を逃してしまうことは、もっと残念です。でもそれはこっちの考えです。

ご家族の立場で考えると、納得がいかないなら、疑問点をそのままにしておかない方が良いかもしれません。

「そういえば、赤ちゃんの頃にうっかり子どもを落としてしまって、頭をぶつけたことがあったかしら。一応、小児科で大丈夫って言われたけど、そのせいで発達障害になったのかしら？」

頭をぶつけたくらいでは発達障害にはなりません。

「じゃあ、赤ちゃんがお腹の中にいるときに、夫婦喧嘩が絶えなかったからかしら？」

それも、おそらく違います。胎児期の母体の心身の安定はとても大事です。だからと言って、発達障害に結びつけてしまうのは、ちょっと考えすぎです。

「だったら、どうしてうちの子どもだけ障害なの？　父親も母親も、ちょっと変わったところはあるけど、そこまで障害ではなさそうだし……そもそも、なんで私ばっかりこんなにしんどい思いをしなくてはならないのかしら？　前世の祟りかしら？　お祓いにでも行った方が良いのかしら……」

受け止めるまでの心理的プロセスはさまざまで、心は千々に乱れます。

訳もなく腹がたつこともあるでしょう。朝起きたら障害ではなくなっていることを夢見る場合もあるかもしれません。でも実際に障害が変わるわけではありません。考え疲れ、悩み疲れて、ノイローゼになることもあるかもしれません。すべてが無気力で、子どもと関わるのも億劫、旦那も鬱陶しいだけ、これではまずいと思っていても、体が言うことを聞かない。

障害があるなしに関わらず、子育ては長期戦です。子どもが大変ならなおさらです。

日々大変な上に、見通しも立てにくい。くれぐれも無理は禁物。少しずつできることをしていく、助けてくれる人がいるならSOSを出す。孤軍奮闘して潰れてしまっては元も子もありません。

受け止めの話しに戻します。繰り返しですが、障害を無理に認める必要はありません。

でも、子どものためにできることは、少しずつやっていって欲しいなあと思います。気持ちはともかく、行動は子どもの遅れや凸凹に寄り添ってもらえると、支援者としてはありがたいです。あとから、みんなで苦い思いをするのは、できれば避けたいなあと思います。

そんなに重くない場合、ひとまず定型発達と同じようにやってみたい、それでダメだったら相談して診断を受けて支援を受けても良いけど、今は認められない、ということもあるでしょう。

確かにグレーゾーン。みんなと同じようにやってやれないことはない。でも、専門家から見ると、子どもなりに無理をしている。「背伸びをして爪先立ちで歩き続けるようなもの」と言う同僚もいました。いつか壁にぶつかるのはわかっている。でも、諦めきれないのでとりあえず今は普通にしたい……

わからなくはありません。でも、ぶつかるとわかっているのに、ぶつかった後でないと軌道修正ができないのは、子ども視点で考えると、とっても残念です。本当は転ばぬ先の杖がベターです。

でも一方で、支援者としては、こうも思います。「子どもの障害を認められない親を、支援者が認められなかったら、認めないという点ではその親と同じ」という構図になってしまうのです。

しつこいようで恐縮ですが、子どもの視点に立つと、残念でたまりません。でも、認めない親でも、頑張って認められるような支援者を目指したいと思って、こちらもぐるぐるです。

4　父親の障害受容に関して

発達障害の子育てにおける父親の役割については108頁でもお話をしました。

子育てでの親の役割には①生活費を稼ぐ〝扶養〟②しつけや教育をする〝社会化の促進〟③遊びや相談の相手になる〝交流〟④食事など身の回りのことの〝世話〟の四つがあるそうです。

一昔は断然①が父親の仕事。父親は稼ぐのが本業で、子育ては母親の仕事と決まっていました。今は違います。そして今どきは父親もさまざまです。

ここでは、支援者から見た父親の障害受容について述べてみます。

僕が思うに、父親の方が繊細で、受け入れが難しい場合が多いように見えます。外来で診断名をお伝えすると〝音がしたかのように固まってしまう〟父親が少なくありません。昨日もいました。

母親は日々格闘していますから、なんとなくは感づいています。でも、仕事で忙しい父親は違うかもしれません。男の方がロマンチストで、現実を見ないところがあるかもしれません。

発達障害という現実を受け入れるには、父親の方が時間を要するようにも見えます。

理屈で考えるタイプの男性は、障害の根拠や原因を知りたいと思うようです。僕もできるだけ客観的にお伝えしていきますが、これまで述べてきたように、発達障害の概念は極めてファジーなところがあります。「そんなの誰にだってあるんじゃないですか？」と言われてしまって、「だからですね……」と同じ説明を繰り返すことにもなります。

あるいは、先々の展望について、いつどうなっていくかを詳細に知りたがる父親もいます。曰く「しゃべるようになるのか」「学校には入れるのか」「普通になるのか」「大人になれるのか」云々。少し前ですが「療育の数値的な効果はどうか？」なんていう質問を受けたこともありました。

支援者としては、できるだけ具体的な見通しをお伝えしたいところです。

でも、比較的はっきりした障害がある場合、ある程度の見通しを伝えることは、耳当たりの良いものにはなりません。また、療育の効果は決して数値だけで表せるものでもありません。

お父さんからのこんな質問に丁寧にお答えをしていたら、隣で聞いていたお母さんの表情がどんどん悪くなり、途中から泣き出してしまったことがあります。正確であっても、耳当たりの良くないことを聞いてしまうと、日々奮闘している母親は、気持ちが折れてしまうのかもしれません。

それからというもの、お父さんからの質問に答えるときは、「あまり聞いていて気持ちの良いお話ではありませんが」とお断りをしたり、最初に急いで全部を伝えることもないかなあ、と思ったりして、ご家族の顔色を見つつ、内容のサジ加減をしながら言うようになりました。

もちろん、物分りが良くて、お母さんと同じ歩調で発達支援に参加してくださるお父さんも少なくありません。本当にありがたいことです。

お父さんの方が心配性過ぎて、いろいろなことを知りたい、日々の関わりも知りたいなんていうこともあります。でも、実際にお子さんと接するのはお母さんですから、お母さんの負担になりすぎないようなお伝えを心がけています。

理想論を伝え過ぎて、父親から母親にバンバン指令が飛ぶようになって、お母さんがいっぱいいっぱいになってしまう、なんていうのは避けたいのです。

いつまでたっても理解してくれない昔気質の父親も少なくありません。

「ただのわがままだ」「甘やかすとロクなことはない」「通常級以外ありえない」等々です。

そのご夫婦の力関係にもよりますが、強いお母さんは父親の反対をモノともせず、子どもに寄り添い続けます。「訳も分からず普通級なんて言っているけど、うちの子は無理なので支援級に行かせます。お父さん？　大丈夫、放っておきます」なんて力強いセリフが聞こえると、思い切り応援したくなります。でも、そこまで頑張れないお母さんだっています。それぞれに合わせてサポートしていきたいものです。

最近ではひとり親のご家庭も少なくありません。時に一人二役を目指す親御さんがいらっしゃいます。でも、子どもの立場から言えば、ちょっと混乱するような気もしています。親は使い分けをしているかもしれませんが、子どもにはそれが不透明に映りそうです。諸事情ゆえのワンオペ育児ですが、それはそれとして、自然のままでいれば良いのではないかと思います。もちろん、両性具備的な親であれば、適宜使い分けをしても良いとは思います。ちなみに、ひとり親だから発達障害になりやすい、ということもありませんので、ご安心ください。

5 「自分も発達障害かも？」と思ったら

配偶者がそうかも、という場合については第四章（108頁）でもお話しました。それとも少し重なりますが、自分がそうかも、という場合について述べてみたいと思います。

これもすでに述べましたが、発達の特性は遺伝的なものです。物事の感じ方、意思疎通の仕方、考え方や性格など、資質や気質や体質と言われることは親から子どもに伝わっていきます。

これらは遺伝子を介してと、生活の中で伝わる部分と、二重で伝わっていきます。もちろん、障害になるかどうかは環境とのマッチングによるところが大きいので、障害自体は遺伝しません。

そうして、子どもの特性は両親の両方に由来しますので、半々ということになります。

でも、子どもが発達障害だった場合、その起点となった発達特性を親にも認めることは珍しくありません。

さて「自分も発達障害かも？」と思ったら、です。まず、自分がそうかも？と思った時点で〇です。何より自分を振り返る余裕があります。障害に対する偏見も強くないと思われます。だって、障害を唾棄すべきものと思っていたら、それを自分の中に見つけるのは至難の技だからです。

次は、自分のどんなところが〝それっぽい〟のかという振り返りをしましょう。〝それっぽい〟という言葉を使ったのは、振り返ってもらいたいのは、障害まではいかない特性や凸凹だからです。自分のどこが障害なのかという深堀りを始めてしまうと、視野が狭くなって視点が限られたものになります。そうではなく、もう少しゆるく幅広く振り返ることをお勧めします。

振り返るのは凸凹ですから、良い点も悪い点も両方とも振り返ります。空気を読むのは苦手だけれども、時刻表を読むのは得意だぞ、などです。悪いことばかり振り返ると、気が滅入ってきますので厳禁です。たとえどんなに障害が重い場合でも、探せば良いところは必ずあるものです。

その次は、これまでの苦労をどうやってしのいできたかを思い出します。間違っても克服してきたか、ではありません。発達の凸凹で克服できることは、わずかしかありませんので。

そうではなくて、なんとか工夫して乗り切ってきたとか、どう回避してきたとかです。

空気が読めないならば、周りをよく観察するようにしてきた、いろいろな人に意見を聞くようにしてきた、空気が読めないことを公言してサポートしてもらってきたなど、これまでの生活で身につけてきた工夫があったはずです。

空気を読まなければやっていけない仕事には近づかないようにしてきたかもしれません。振り返りの際に大事なことは、工夫や回避を〝逃げ〟とみなして低く評価しないことです。誰がなんと言おうと、自分なりに工夫や努力をしてきたからこそ、ここまで至ったのです。「よく頑張ってきたなあ」と、これまでの自分を労うつもりで振り返ってみましょう。

よしんば、発達障害の要素があったとしても、成長・発達して、社会に出て、結婚して、子どもを授かって、育児をしてここまでくることができたのです。

その経過は、波乱万丈だったかもしれません。でも、なんとかここまでやってこられた自分を褒め、自分の工夫と、周囲の人々のサポートを振り返って、これからに生かすことが大事です。自分の子どもに同じ工夫や努力が当てはまるかどうか、これは別問題です。

何より、時代や環境が違います。遺伝子だって半分は配偶者由来です。でも、もしかしたら自分の来し方が多少は参考になるかもしれないなあ、それくらいの軽めの気持ちでいてください。

専門家の出番はこの後、つまり自分の振り返りだけでは不十分かもしれないという場合です。たとえば、専門の視点からの振り返りがあると、もう少し分析が進んで、より良い工夫が思いつくかもしれません。診断名がついた方が、もっと手掛かりが得られるかもしれません。専門家のカウンセリングや薬物療法が役に立つ場合だってあるかもしれません。

反対に、自分では障害と思っていたけど、実はそこまではないかもしれません。

ただし、自分は障害ではないと思って、否定して欲しくて専門家を受診するのは得策ではありません。人はどうしても、自分に都合の悪い情報は隠したいものです。そうなると、診断も正確に出ないかもしれませんし、仮に診断が出てもそれを活かせないからです。

あくまで、自分でなんとかしたいという気持ちが、少しでもあることが大切です。そこに、専門家のアドバイスが、いわばスパイスのように効いてくるのが理想だと、僕は思っています。

6　自分のメンタルヘルスについて

発達障害のある子どもの育児はとても大変です。ですから、親自身が心身ともに元気であることがとても大切だと思います。いつも、とは言いません。でも〝できるだけ〟です。

実際はなかなか難しいかもしれません。最後にささやかなアドバイスをお伝えしてみます。

まず、自分の健康法を振り返ってみましょう。今それが可能かどうかは別、です。たくさん寝る、美味しいものを食べる、友達とおしゃべりする、音楽や絵を見る、映画を見る、漫画を大人買いして読む等々。やってみたいなあということのリストアップでも良いのです。現実には難しいので考えるだけ虚しい、という場合はやめておきます。でも、時間や暇ができたらこんなことをしてみたいということを空想するのは、健康法としてありだと思います。

自分の来し方を振り返って、自分なりの気分転換法を思い返すのも良いでしょう。

そういえば、僕は高校時代、勉強に煮詰まると一時間くらいのサイクリングに出かけていました。サイクリングと言ってもママチャリですが……今はそんな時間がないので出来ません。でも、よほど煮詰まったらやってみようと思います。やるなら今は電チャリです。

ともあれ、今でも良いですし、昔でも良いですし、自分を振り返ってみて、自分がもう少し元気だったころはどうしていたのかなあ、と考えてみます。子育てをしていると時間がありませんから、実際にできるかは別ですが、少しでもそれに近いことができると、ちょっと楽になります。

そんな自分のために時間を費やすのであれば、子どもの療育にもっと時間を費やした方が良い、なんて考えることは、お勧めしません。

もちろん、元気いっぱいで、自分のメインテナンスが全然必要なければ、子どもにエネルギーを傾注してもかまいませんが、そうでない場合は、まず自分が少しでも元気でいることが、子どもの成長発達にも良いことです。これを肝に銘じてください。

何が何でも子どもの発達が第一というのは、焦りにつながります。親子関係や家族関係にもマイナスになることも多いでしょう。もちろん、子ども第一に思っていないと気が気ではないという場合は、それも仕方がないと思いますが、それでも自己犠牲はほどほどがよいと思います。

生活の中でささやかな喜びを見つけるのもよいと思います。そうして大事なことは、ささやかな喜びが見つかったら、ちょっと立ち止まってその喜びを味わってみることです。なに、数秒でもよいのです。通りすぎないで、味わってみるのです。

今日はお米がおいしく炊けた、お茶が美味しく淹れられた、いつもは買わないケーキを買って味わってみた。食べることに限らず、それぞれのささやかな喜びに目を向け、立ち止まってじっくりと味わってみてください。

禅の瞑想に由来する〝マインドフルネス〟も役に立ちます。詳しくは参考書*を読んで欲しいのですが、基本は「今の自分の心の有り様に対して〝価値判断なしに〟注意を向ける」ことです。〝価値判断なしに〟ということは難しいのですが、これこそがとても大切なのです。

良いとか悪いとか、自分のせいとか他人のせいとか、そういう価値判断はせずに、ありのままを見つめて、受け入れます。慣れないと難しいかもしれませんが、気持ちがスッと楽になります。

でも、なんと言っても嬉しいのは、子どもの成長や発達を感じた時かもしれません。

発達障害があると、なかなか思ったようには発達してくれません。でも、どんな子どもでも必ず発達します。重たいお子さんでも、時間が経ってみると、必ず変化していることがあります。

親から見ると、発達とは思えない変化もあるかもしれません。反抗期などはその典型です。でも、反抗ということは明らかな発達なのです。少しずつの変化をみんなで味わって、喜びを共有していくことが、発達障害を問わず、子育ての醍醐味だと思います。
支援者としても、ちょっぴりお裾分けに預かれれば、これに勝る喜びはありません。

＊マインドフルネスの参考書（これ以外にもたくさん出ています。自分に合ったものを選んでください）
・エリーン・スネル＆ジョン・カバットジン著『親と子どものためのマインドフルネス』サンガ、二〇一五年
・熊野宏昭『実践！マインドフルネスＤＶＤ』サンガ、二〇一九年
・吉田昌生『短く深く瞑想する法：最高の「休息」と「気づき」を得るマインドフルネス入門』三笠書房　二〇二〇年

おわりに

発達支援は本人・ご家族・支援者の共同作業です。

前著『発達障害支援のコツ』(二〇一八年、岩崎学術出版社)、『発達障害支援の実際』(二〇二〇年、岩崎学術出版社)では、主に支援者に向けて、僕なりの考えを書いてみました。

本書はご家族、特に発達障害の子育てに奮闘しているお母さんに向け、ささやかなエールのつもりで書いてみました。ぜひ、感想やコメントをお寄せください。

最終的には、当事者ご本人に読んでもらえるものを書きたいと思っていますが、これは至難です。その前に、僕が生業としている「地域支援」についてもまとめたいと思っています。ただ、地域支援は、特に共同作業ですので、一人で書いていいものか、思案はまとまっていません。

本書でも、あちこちの同僚の皆さんの支援を参考にさせていただきました。一つひとつにお断りをしませんでしたが、特に横須賀市療育相談センターのスタッフと、これまで出会ってきたご家族の皆さんに、心よりの感謝と御礼を申し上げたいと思います。
また、今回も長谷川純さんと吉野章さんのお力添えを頂きました。併せて御礼申し上げます。

この原稿を書き出したのは、二〇二〇年も押し詰まった十二月二十九日のことでした。百年に一度とも言われるコロナ禍の年末年始、家に引き篭もってひたすら原稿を書き続けていました。年明け一月八日には、第二回目の緊急事態宣言が発出されました。
コロナの渦中でも発達支援は待ったなしです。収束まではまだまだという現状ですが、子どもとご家族の笑顔が少しでも増えることを祈って、支援も頑張っていきたいと思います。

二〇二一年一月二十九日

広瀬　宏之

著者略歴

広瀬宏之（ひろせ　ひろゆき）

1969年　東京に生まれる
1995年　東京大学医学部医学科卒業
1995～1996年　東京大学医学部附属病院小児科
1996～1999年　千葉徳洲会病院小児科
1999～2003年　東京大学大学院医学系研究科生殖・発達・加齢医学専攻
2003～2007年　国立成育医療センターこころの診療部発達心理科
2006～2007年　フィラデルフィア小児病院児童精神科
2007～2008年　横須賀市療育相談センター開設準備室長
2008年～　横須賀市療育相談センター所長
2015年～　放送大学客員准教授「精神医学特論」「精神疾患とその治療」担当

著書

図解　よくわかるアスペルガー症候群（ナツメ社）
「もしかして、アスペルガー？」と思ったら読む本（永岡書店）
発達障害支援のコツ（岩崎学術出版社）
「ウチの子、発達障害かも？」と思ったら最初に読む本（永岡書店）
発達・子育て相談のコツ――小児精神・神経科医の100問・100答（岩崎学術出版社）
発達障害支援の実際――実例から学ぶダイアローグのコツ（岩崎学術出版社）

共著

療育技法マニュアル第18集　発達障害とのかかわり（小児療育相談センター）
新訂　精神医学特論（放送大学教育振興会）
精神疾患とその治療（放送大学教育振興会）　ほか多数

翻訳・監訳

S. グリーンスパン　自閉症の DIR 治療プログラム（創元社）
S. グリーンスパン　ADHD の子どもを育む（創元社）
S. グリーンスパン　こころの病への発達論的アプローチ（創元社）

発達障害のある子育て
―家族で支える・家族を支える―
ISBN978-4-7533-1184-2

著者
広瀬宏之

2021年6月6日　第1刷発行

印刷・製本　(株)太平印刷社

発行所　(株)岩崎学術出版社　〒101-0062 東京都千代田区神田駿河台 3-6-1
発行者　杉田啓三
電話 03(5577)6817　FAX 03(5577)6837